瞬殺怪談
鬼幽

平山夢明
黒木あるじ
黒　史郎
我妻俊樹
小田イ輔
神　薫
鷲羽大介
蛙坂須美
つくね乱蔵
吉田悠軌

竹書房
怪談
文庫

目次

瞬殺怪談　鬼幽

トドメ

涼介さんの親友が別れ話のもつれから女に脇腹をナイフで刺された。幸い大した怪我でなく済んだが、親友が言うには「子供の頃からずっと女に刺される夢を見続けてたからついに正夢になったと思ったけど、軽い傷でホッとしてる、だって夢の中ではいつも死んでたから」とのことだった。

そう語った一か月後に親友はバイクの自損事故でこの世を去った。

カーブを曲がり切れず道から飛び出した彼は、脇腹のナイフの傷跡に狙ったように畑の柵のパイプが突き刺さり、体を貫通した状態でぐったりしているのを通りかかった他のバイク乗りに発見されたそうだ。

いらない才能

K氏は、同級生などによく怪我をさせる子供だった。

「害意を持ったことは一度もないんだけどね、過失っていうか、結果的にそうなったみたいな形で、自分では殆ど事故みたいに考えてたな、どうしてそんな風になるのか分からないから、反省のしようもなくて」

図工に使うハサミに始まり、先のとがった鉛筆、体育館に転がっていたボール、縄跳びの縄、果ては凍った水たまりから剥《は》がした氷に至るまで、彼が手にしたものはどんなものでも凶器となり、周囲の子供達を傷つけたという。

「ほんとに、何も意識せずにただ持ってるだけなのに、そこに誰かの手や頭や目や耳なんかが来るわけ、それで怪我しちゃう。どうしようもないんだよ、俺から見れば周りの皆が不注意なんであって、自分から怪我しに来てるようにしか思えなかった」

幾度となく学校に親が呼ばれ、それと同じだけ怪我をさせてしまった子供たちの家に謝りにも行った。

「先生には怒鳴《どな》られるし、親には泣かれるし、相手の親御さんには睨《にら》まれるしで、本当に辛かった、同級生と一緒に遊びたくても、こっちから声かけたりできなくなってさ」

自分自身の因果な性質を自覚し、子供ながらに、もう死んでしまった方がいいのかも知れないとまで思いつめたというから相当なものだ。しかしそんな彼に転機が訪れる。

——お前には人殺しの才がある。

それは、彼の祖母の口から出た言葉。

「うちの婆さん、霊能者っていうか呪い師みたいなことをやってて、占いとか疳《かん》の虫切りとかそういうことを頼まれるような人間だったの」

彼が小学校五年生の時に亡くなったという祖母は、死の間際、自身の病床にK氏を呼ぶと、先の言葉を告げ、続けて「それは今の世の中ではいらないものだから、婆ちゃんが全部あの世に持っていく」と言い、それから間もなく帰らぬ人となった。

「不思議なことに、それからは嘘のように何もなくなったんだ。今のいままで、少なくとも物理的には誰かを傷つけたことは一度もない。ただ——」

K氏宅の仏壇に安置されている祖母の位牌は、誰がそうしたわけでもないのに傷だらけで、直しても直してもボロボロになってしまうのだという。

苦い初恋

小学生の頃、初恋相手の女の子の誕生日会に呼ばれたのでウキウキ気分で行ったらパーティーがとっくに終わっていた、という切ない思い出が横尾さんにはある。

学校が終わってまっすぐ家に帰ると親に小遣いを前借りし、文房具店へ寄って女の子へのプレゼントにとサンリオのキャラの描かれた缶ペンケースを買った。到着してピンポンと押すと「どちらさま」とインターホンで返ってきたので、フルネームで名乗って「お誕生日会に来ました」と答えた。するとその家の母親が怪訝《けげん》な表情で出てきて、「もうとっくに終わったけど」と不機嫌な声で告げられる。そんなばかなと天を仰ぐと空は暗くなっていて、どういうわけか夜になっている。もう夜の九時なのだという。

寄り道などするはずがない。早くプレゼントを渡したくて跳ぶように走った記憶しかないのに。文房具店も夜七時には閉まるはずで、じゃあ自分は店を出て九時までどこで何をしていたのかという疑問が当然わく。寝ていたか、意識がとんでいたかしてなければ、どう考えてもおかしい話なのである。納得できぬまま帰ったら家に警察が来ていて大変な騒ぎになっており、たっぷり親にしぼられた。

後日、好きだった女の子から苦情を言われる。

誕生日の件ではなく、また別の日の夕方六時過ぎに、ピンポンと横尾さんが訪ねてきたという。顔色が悪いのでお腹でも痛いの、と女の子が心配して訊ねると、へらへらと笑うばかりで質問をかわされ、用件も言わずに走り去ってしまった。

何しに来たの、失礼じゃない、と文句を言われたが、横尾さんはまったく身に覚えがない。誕生日に間に合わなかったことといい、何が何やら意味がわからない。気味も悪いし好きな女の子からは嫌われてしまうし、踏んだり蹴ったりな初恋の思い出であるという。

漏れる

日野市に住んでいた頃はいつも、最寄り駅のホームから列車に飛び込もうと考えていた。毎日、毎朝、一日も欠かさず、通勤のたびにそう思っていた。

一度などは実際にジャンプ一歩手前まで動きかけたものの、通過列車とのタイミングが合わず未遂に終わってしまった。

その翌日、少しだけ駅に着くのが遅れると、ホームに人だかりができていた。いつも自分が立っている位置にエビのように体をそりかえらせた男が死んでいる。

「どなたか目撃者はいませんか？」駅員が大声をあげる。

「わたし見ました」女性が手を挙げる。

「この人、ちょうど貨物列車が通過する時、ふらふら前に歩きだしたんです。あっと思ったら勢いよく跳ね飛ばされて、ホームのそこの鉄骨に背中から激突しました」

数日後、また少し遅れて駅に着くと、線路上にブルーシートが敷かれていた。通過列車に飛び込んだ人が、車輪に体をつぶされ死んでしまったのだという。

やはり同じホームの、同じ位置から飛び降りていた。

さすがにそこで、嫌な想像が浮かんできた。

俺が自殺を考えるたび、心の中から悪いものがどろどろ漏れ出ているのだろうか。

それは、いつも立っているホームのあの場所に、ぐちゃぐちゃ溜まっているのだろうか。

その悪いどろどろが、他の人たちを死なせてしまっているのだろうか。

その想像は、自分が死ぬよりもひどく恐ろしいことのように感じられたので、以降はもう自殺についていっさい考えないようにした。

それから日野市に住んでいるあいだ、最寄り駅での人身事故は一度も起きなかった。

おいしい水

哲さんの小学校では、毎年五月に六年生の林間合宿が実施されていた。カレー作り、キャンプファイヤーにフォークダンス、恒例の肝試しと続き、翌日には合宿所近くの川で鱒《ます》つかみがあった。

哲さんは川遊びを楽しみにしていた。しかし会場に着いてみると、川からすこし離れたところに石で囲われたプールのようなスペースがあり、鱒はそこに放流されていた。

川の流れは急で、深みにはまると危険だから決して入らないように、と厳命されるに至って、哲さんは白けた気分になってしまった。

それで仲の良い友だち数人と、川のほとりで石切り遊びに興じていたところ、一人がとつぜん、「あッ！」と声をあげた。

向こう岸の藪のようになっている場所から、顔がのぞいている。

同級生のKだった。

いつの間にあんなところに行ったんだ？　歩いて渡れる浅瀬でもあるのだろうか。

「おーい、おまえなにしてるんだあー？」

哲さんが声をかけると、Kはニコニコと笑みを浮かべ、こう言った。

《川、川の水、おいしい水、川、おいしい、よ、水が、水水の、川を、おいしいから》

藪《やぶ》から突き出た顔がスーッと垂直に落ちた。

次の瞬間、Kはそのまま川の水に口をつけ、ゴクゴクと飲みはじめたという。

その様子を見て、哲さんたちは仰天した。けれど同時に。


なんか、おいしそうだな。


「おまえら！　そこでなにやってんだ！」

哲さんが顔をあげると、目の前に担任の先生が立っていた。

哲さんたちは揃って四つん這いになり、川の水を狂ったように飲みまくっていたのだ。

「こんな川の水、飲んじゃダメだ！　いろんな排水が流れ込んでるんだぞ！」

だってKが、と指差した先には、もうだれもいなかった。

そもそもKは親戚に不幸があり、合宿には参加していなかった。

先生に指摘されるまで、哲さんたちはそのことをすっかり忘れていたのである。

棄帳

わたし、コロナ禍になる前は神社巡りが趣味で、御朱印《ごしゅいん》集めにハマっていたんです。

でも、この二年は中断せざるを得なくて。御朱印帳もいつのまにか失くしたきり、存在自体をすっかり忘れていたんですよね。

ところが——昨年の師走《しわす》に大掃除をしていたところ、御朱印帳がテレビの裏側から出てきまして。どうしてそんな場所に転がっていたのか、自分でも謎なんですけど。

で、「これは〝そろそろ神社を訪ねる時期だぞ〟ってお告げかな」なんて思いつつ、なにげなく御朱印帳を開いてみたら——。

最初のページに、朱墨より黒ずんだ赤色で、鏡文字になった自分の名前が書かれていたんです。指で紙をなぞったように捻《ねじ》れた字が。いちめんに。

あ、神社巡りですか。先月から再開しましたが、もう御朱印集めはしていません。いまは厄除《やくよ》けのお守りを買い集めるのが目的です。

いくつ買っても、なんだか不安で。

棄憶

深夜――尿意で目が覚め、半ば寝ぼけたまま布団を抜けて廊下に出る。電気をつけるのも煩《わずら》わしく、うすあかりで鈍く光る襖《ふすま》を指でなぞりながらトイレをめざした。無事に用を足し終えて、わずかに覚醒し――そこで、ようやっと気づく。

新築のアパートである。襖などない。

あんのじょう廊下に戻ると、先ほど指を這わせたあたりにはウォーターサーバーが置かれており、壁をなぞるのは不可能だと悟る。

ふと、思う。

もしや自分はこれまでも〈無いはずのもの〉と遭遇していたのではないか。

どこで買ったものか憶えていない一輪挿し、自分の好みとかけ離れたカレンダー、実家にあるはずの掛け時計、存在しない家族。どれもなんとなく看過《かんか》していただけで、実はすでに〈いろいろなモノ〉に出遭っていたのではないか。

そんなことを考えたら、とたんに夜が怖くなった。いま、隣の寝息を聞きながら、自分は独り暮らしだったかどうかを必死に思いだしている。

アシさん

ある漫画家から聞いた話である。

彼がアシスタント時代、某有名作家のアシスタントについた。期限は三ヶ月だったが忙しさは常軌を遥かに逸していた。

「五徹、七徹は当たり前。十徹なんて人もいて……」

帰ると云って玄関のドアノブを握ったまま立って寝ていた人もいたという。

しかし、古株のNだけはいつも飄々《ひょうひょう》としていた。

さすがベテランと思い、コツでもあるのかと尋ねると「おまえ干支は？」と訊かれた。

「子《ねずみ》です」と答えると「あ、ひと回り違うけど俺と一緒か——直にわかるよ」と云われた。

その五日後、深夜、猛烈な眠気に襲われ気を失いそうになった。と、その途端、靴下の内側の足裏をザラザラしたものがズルリとほじくるように舐めた。ギョッとして見ると小さな毛玉のようなものがパッと消えるのが見えた。ニヤニヤしているNと目が合った。

「ここは前、チベットの坊さんが住んでいたんだ。祈祷所としても使ってたんだろ」

あれは何ですかと尋ねるとNが云う。

「チベットじゃ、干支に卯《うさぎ》の代わりに猫が入る。ねずみ年にちょっかい出すのは当然だろ。普通の仕事なら迷惑だろうが、あの舌でぞろりとやられりゃ眠気は一発で吹っ飛ぶ。俺は助かってる」

本当にそんな理由だったかはわからずじまいだが、当時の激務の中で、確かに助かったという。

眉唾

勝さんが小学六年生の時の同級生に「私には霊感がある！」と豪語する女の子がいた。

「みんなからは〈霊感ちゃん〉って呼ばれてましたね」

教室の後ろの棚の上に三つ目で耳の尖った男の生首がニヤニヤ笑っているとか、突拍子もないことばかり言うので、霊感ちゃんはクラスの皆から嘘つき扱いされていた。

そんな霊感ちゃんは、何故かはわからないが勝さんのことがお気に入りのようだった。

「俺はそのころ、三つ編みの可愛い●●さんのことが好きだったので」

霊感ちゃんから告白された日、勝さんは「他に好きな人がいるんで、無理」と速攻でお断りした。すると、霊感ちゃんはおかしなことを言い出した。

「好きな子って●●ちゃんでしょ。あの子、蛇だよ？」

霊感ちゃんは「あなたにだけ教えたげる」と言ってぺろりと指を舐《な》めた。

しっとりと唾液《だえき》で湿った指が近づいてきて、いきなり彼の右の眉毛《まゆげ》をなぞった。

「右の目で、あの子をよく見てみなよ」

霊感ちゃんの言う通り、眉に唾《つば》された右目でその子を見ると、腰にかかる三つ編みが途中から黒い蛇になっている。蛇の口からはシュルシュルと黒い舌が出入りしていた。

びっくりした勝さんが右目を瞑《つむ》って左目で見ると、三つ編みを大人しくぶら下げた、いつもの彼女の姿がそこにあった。もう一度右目を彼女に向けると、蛇の頭の細かいウロコまで見てとれたが、蛇と三つ編みとの境目は目を凝らしても判然としない。

眉についた唾が乾くと、三つ編みは蛇に見えなくなった。

混乱した勝さんは、弾かれたように教室を飛び出した。

「自分の唾を眉に塗っても三つ編みは蛇にならなかったな。好きな子のことだし、もう一度確かめたい気持ちもあったけど、また霊感ちゃんの唾を眉に塗られるのは嫌だった」

彼の選択は、〈怪異などなかったことにする〉だった。

その後、彼は霊感ちゃんから話しかけられても無視し続けて、そのまま卒業した。

「中学からは別の学校に進んだので、彼女とはそれっきりです」

数年後、美容師専門学校に通っていた勝さんは、授業のスライドを見て息をのんだ。

「髪の毛の表面にあるキューティクルを顕微鏡で拡大した画像が、あのときに見た三つ編みの蛇のウロコにそっくりだったんだ」

現在は級友と全く付き合いがなくなったので、●●さんや霊感ちゃんが今、何処でどうしているのか勝さんは知らない。

机上の奈落

小さな会社を経営しているキヨシさんが、ある取り引きの決済印を押すため、社長印を朱肉にぽんとつけようとしたら、朱肉の中に指までずぶりと吸い込まれた。
あわてて引き上げると、印鑑も指も赤く汚れてはいなかった。

その取り引きがきっかけで、キヨシさんの会社は倒産した。

棄録

数年前、きもだめしに夕暮れの廃病院へ赴いたことがありましてね。閉院する前は産婦人科だと聞いていましたが、詳しくは知りません。まあ結論から言えば、なにも見なかったんです——というか、忍びこんで五分ほどで退散しちゃったんですけどね。

いや、看護師さんが書いた日報らしきノートが散乱していたので、そのうち一冊を拾いあげ、なにげなく捲《めく》ってみたんですよ。

《■月■日　産婦さんより、分娩室の床を赤ん坊が這っているとの報告。今月三例目。前二例とおなじく今回も死産》

そのページを読むなり、すぐに逃げました。

だって、廃墟になる前から〈居た〉わけでしょ。だとしたら——いまも。

あいさつ

その年の初夏、三十代の男性A氏は知人が所有する山でソロキャンプをしていた。

「最初はちょっと流行《はや》りにのってやろうぐらいの気持ちで始めたのよ、でもやってみたらハマっちゃってね、暇があれば色んなとこでキャンプしてたんだ」

その日も午前中のうちに諸々の準備を終え、一人でたっぷりと気ままな午後を過ごした後、テントの中で横になったのは二十時を過ぎた頃。

「何かあったら困るから酒は飲まないようにしてたんだけど、体を動かすせいか気持ちよく疲れるから、早めに寝てしまうんだよな」

眠りに落ちてしばらく、彼の耳に入ってきたのは「おはようございます」の声。

驚いて目覚め、咄嗟に腕時計を見ると時刻は深夜一時。

どう考えても「おはようございます」のタイミングではない。

「ちょっとビビった、状況的に色んなこと考えなくちゃだし」

ここは個人所有の山の中、こんな夜更けに一体だれが来るというのだろう。

息を潜め様子を伺うA氏、「おはようございます」は尚もテントの外で断続する。

「明らかにオカシイからさ、人じゃないかもなとは思ってた。むしろその方が良いぐらいでさ、どう考えても人だった場合の方がヤバいしね」

不意の展開に備えテントの中で身構えながら、腹立たしくもあったと彼は言う。

「せっかく羽を伸ばしに来たのにさぁ、なんだこれと思って……ビビりつつ、頭ん中で強がったんだよね、夜なんだから『こんばんはだろ』って、そしたらその瞬間——」

——こんばんはぁ。

男なのか女なのかよくわからない声が、なぜか嬉しそうに響いた。

「あ、ナメられてるなって、カチンときて」

怒鳴《どな》り声をあげながらテントの外に出たものの、案の定そこには誰もいなかったという。

ソフビ人形

「広さも築年数も立地も良いのに、どうしてこんなに安いんですかね？」

「……さあ、どうしてでしょうか？」

両親が何度も質問を重ね、そのたびに不動産屋がとぼけた調子ではぐらかす。そんな四十年前の光景を、徹さんは今でも覚えている。

彼は小学校にあがる前、戸建て購入を考える両親とともに不動産めぐりを重ねていた。その中古物件は両親の懐《ふところ》事情に適《かな》っていたのだろう。乗り気となった父母は、不動産屋に具体的な条件を細かく訊ねていた。退屈した徹さんが一人で二階に上がっていくと、子ども部屋のドアが開け放たれていた。

学習机や本棚にベッドなど、そこだけ居抜きの家具が置かれていた。本棚に本は無かったものの、怪獣のソフビ人形が十体以上、ずらりと並べられている。

徹さんは怪獣にいっさい興味のない子どもだった。にもかかわらず、どうしても欲しいという気持ちに抗《あらが》えず、そのうち一体を手に取り、ポケットにねじこんだ。

結局、その家の購入は見送られた。

不動産屋と別れた直後、隣家のおばさんが自分たちのところへ駆け寄ってきたからだ。

「その家、少し前にお母さんが心を壊しちゃってね。泣いて嫌がる息子を道連れにして、無理やり自殺しちゃったんですよ」

幼い子どもにもわかりやすい、簡潔な説明だった。両親は興奮しながら「お話聞けてよかったあ！」と大声をあげていた。

徹さんは先ほどのソフビ人形を、ポケットの中にぎゅうっと押し込んだ。

しかし幼児服の小さいポケットにおさまるサイズではない。帰り道、両親は見覚えのないオモチャを隠す我が子を見とがめてきた。「あんた、なにやってんの！」

あの家のものだと知ると、有無を言わさず人形をひったくられ、そのまま近くのゴミ捨て場へ投げ込まれた。

その時、なぜだろうか。いっさい興味がない怪獣の、ついさっき手に入れたソフビ人形に過ぎないのに。とても大切な宝物を捨てられたように思えて、息苦しいほど強く胸がしめつけられた。

また同時に、自分のそんな感情をひどく不思議に感じたことを、四十年経った今もはっきり覚えているそうだ。

予想外

元看護師のSさんに「お勤め先で幽霊を見た経験はないですか」と訊ねたところ、笑顔で否定されてしまった。

「残念ながら、亡くなった患者さんに遭遇したことは一度もありませんね。せいぜい夜中に真っ暗な待合室を走りまわる無人の車椅子を二、三度目撃したくらいで」

薔薇のアーチ

お笑い芸人の佐藤氏は、養成所時代、東京都大田区の某町に住んでいた。

ある日、深夜まで相方とネタ合わせをした帰路、普段はあまり通らない路地を抜けてみることにしたという。

すると一軒の家の前に、手の込んだ薔薇《ばら》のアーチがかけられているのを見かけた。

このあたりには珍しいなと覗き込んだところ、蔦《つた》のまといついたアーチの中央に白い服を着た女がボーッと立ちつくしていた。

佐藤氏は一瞬ギョッとしたけれど、養成所では、そういう変わった状況には積極的に首を突っ込めと指導されている。それで彼はアーチの前を何度も往復し、果ては至近距離で笑いかけたり手を振ったりしたものの、女は微動だにしない。

十分ほど頑張ってみてもまばたきすらしない女の様子に、さすがに薄気味悪さをおぼえて帰宅した佐藤氏が、翌日、同じ家の前を通ったら、昨晩見かけた薔薇のアーチは撤去され、門扉の脇に葬祭用の花輪が立てられていた。

近隣住民によると、そこの一人娘が自殺をしたとのことだったが、あの家に薔薇のアーチがあったことなんて一度もないと言われてしまった。

赤ちゃんを飼う

駆さんは小学生のころ、家で一人で留守番をしているとき、居間の壁面にあるエアコンダクトの中身が気になった。

椅子に乗って背伸びをすると、彼はプラスチック製のダクトの蓋を外してみた。

ダクトの内部を覗き込むと、そこにはとても小さな丸い赤ちゃんの顔が、ダクトの直径ぴちぴちに詰まっていたのだという。

「母がこっそり産んだ赤ちゃんを、エアコンダクトの中に隠していると思ったんだ」

駆さんは、ダクトの中の赤ちゃんを自分が育ててあげようと決意した。

「赤ちゃんの入ってるダクト、俺が椅子に上ってようやく手が届く高さだったから、そこから出して、抱っこしてやるのは無理だった」

赤ちゃんの存在に気づいたことを、母に気づかれてはならない。そう思った彼は、母親が留守のときだけ、ダクトの蓋を取り外して赤ちゃんの世話をしていた。

「俺が眠っているときなどに母が授乳しているのだろうけど、日中は腹が減るだろうと思って、おやつの余りをとっておいてあげていたんだ」

ビスケットを割って赤ちゃんの口元に掲げると、クックと笑って美味《おい》しそうに食べた。

「いつかは母から、〈きょうだいだよ〉とお披露目されるだろうと思っていたんだけど」

お世話を始めてから十日ほど過ぎたころ、彼は〈きょうだい〉に違和感を覚えた。

きっかけは、差し出したクッキーをほお張ろうと、大きく開かれた赤ちゃんの口。

「口の中が、俺の知ってる赤ちゃんとは全く違っていて……そもそも、赤ちゃんはお菓子じゃなくて、ミルクを飲むもんなんじゃないのか、と」

赤ちゃんの小さな口に、大人サイズの犬歯に似た鋭い歯がびっしり生えているのに気づいて、不気味に感じたのだという。

その翌日から、駆さんは〈きょうだい〉にお菓子をあげるのをやめた。

「ダクトの蓋を絶対に開けないようにした。それまで漠然と信じ込んでいたことが、全部間違っていたような気がして」

彼がダクトの近くを通りがかると、蓋の向こうで赤ちゃんは、微かな声でヒィヒィと悲しげに泣いた。それでも、彼は強い意志でお菓子をあげなかった。

その夜、子供部屋で寝ていると、居間でズルズルと長い物をひきずるような音がした。

「食べ物をもらえなくなったんで、あいつがダクトから出ていったんだと思ってる」

翌日、ダクトの蓋を開けると、それまで赤ちゃんにあげてきた菓子のかけらが山と積もって腐臭を放っていた。

つまずく部屋

上野さんが友人の梶原の家に泊まった時のこと。

離れの部屋に面白いものがあると誘われた。何の変哲もない六畳間だ。家具の類は一切ない。

梶原曰く、この部屋に物を横たえておくと、何かがつまずくのだという。梶原は母屋から箒《ほうき》を持ってきて、部屋の中央に寝かせた。

五分程経った頃、壁の向こうから足音が近づいてきた。走っているようだ。かなり速い。

そのままだと衝突は免れないはずだが、足音は速度を緩めず突っ込んでくる。

一瞬、室内の空気が冷たくなった。同時に、箒が大きく動いた。

痛えっ

年齢も性別も分からない声が聞こえた。

足音が走り抜けた途端、室内は寒さが和らいだ。

「な、面白いだろ」

にたりと笑いながら、梶原は箒を拾った。箒は真っ二つに折れている。

「短気なやつなのは確かだな。必ず壊していく」

その後、梶原は物を変えて二回見せてくれた。二回とも同じように壊されていた。


しばらく前から、梶原は母親の介護に勤《いそ》しんでいる。寝たきりになったらしい。

母子二人暮らしとのことで、かなり辛そうだ。常にしかめっ面で、終業と同時に会社を飛び出して帰っていく。遅刻や早退も多い。

ある日のこと。最近では珍しく、梶原が満面に笑みを浮かべて出社してきた。

母親の介護が一段落したのかな。介護施設にでも入居させたのかもしれない。

気になった上野さんは、母親の現状を訊ねた。

「今朝、離れに寝かせてきた」

梶原は明るい声で答えた。

テレビ塔

満理奈さんの部屋からは全国的にもよく知られたとあるテレビ塔が見える。

休日に友達と電話しながらふと窓に目を向けたら、その見慣れたテレビ塔がいつもの位置から忽然《こつぜん》と消えていた。驚いてベランダに出たがやはり塔は見あたらないし、空はよく晴れていて大気の状態のせいとも考えられなかった。

絶句する彼女を訝《いぶか》しむ友達に今起きていることを説明すると、友達はすかさず「目を閉じて『折れた首、折れた首、くちなわの寿命のようにつながる』って唱えてごらん」そう勧めてくる。あまりに自信ありげな口調だったので、満理奈さんは思わず友達に言われたとおりにした。

「折れた首、折れた首、くちなわの寿命のようにつながる」

そして目を開けると、テレビ塔は元通りビルの間に屹立《きつりつ》していた。興奮して「これって何の呪文なの？　どうしてあんたこんなの知ってるの？」そう訊ねたが、電話はいつのまにか切れている。かけ直すと、途中でノイズが大きくなって何も聞こえなくなったので切ったのだと友人達に言われる。当然そんなアドバイスなどした覚えはないという。

思い返すと、たしかに友達の声ではなかった気がする。

うるさかった話

東野さんは怖い話が得意だった。毎年、子供会が行う肝試しで、東野さんは大活躍した。

神妙な面持ちで聴く子供達に向け、お得意の話を始める。毎年、新しいネタを用意するが、最後はいつも同じ話だ。

殺された女が犯人を捜しにやってくる。「お前か……」と訊いてまわり、最後に「私を殺したのは……」と溜めてから、大声で「お前だー」と指をさす。

全員が飛び上がるほど驚いた。中には泣き出す子供もいたぐらいだ。

ある年の夏。いつもの寺が葬式で借りられず、小学校を使わせてもらうことになった。

体育館を開けてもらい、例によって東野さんは最後の話を始めた。

いつものように犯人を訊いて回る。最後の一人だ。東野さんは思い切り叫んだ。

「お前だーっ」

悲鳴や笑い声が収まった瞬間、東野さんの目の前に見知らぬ女性が出現した。

「うるさい」

そう言い残して女は消えた。その場にいた全員が見たという。

エリザベス

二木さんの友人Tが南米系の彼女ができたといって、今度会わせてくれるという話になる。その今度の日が来てTのマンションに呼ばれたので行くと、驚くほどきれいな彼女が待っていた。

名前がエリザベスだと聞いていたので女王っぽいなと半分馬鹿にしていたのだが、女王というより姫のような清楚な雰囲気を持つ女性だったので、まったく納得がいかない。話題が風俗のことぐらいしかない、どう見てもイケてないTが、なにをすればこんな身分違いの彼女をゲットできるのかと、エリザベスが目の前にいるのも構わず詰問すると、勤めている会社の研修に来ていて、仕事を教えていたことが切っ掛けで交際に発展したという。

エリザベスは性格もよく、屈託なく笑う子で、出された手料理も店に出せるくらいうまい。Tには勿体《もったい》ない完璧な彼女だが、会話に「やっぱり」が多いことが少し耳についた。

その日本語が気に入っているのか、あるいは日本語を教えてくれた人の口癖だったのか、ワンセンテンスに二、三度、「やっぱり」が入ってくるのだ。

そんな出会いから一週間もたたぬうちに、Tはエリザベスと別れた。別れを告げたのは当然エリザベスからで、その理由は幽霊。Tの住むマンションの部屋の隣室に若い男の幽霊がいて、壁越しに彼女に話しかけてくるからだという。

もう少しマシな口実はなかったのかとさすがにTが可哀そうになったが、後にエリザベスの言葉にウソはなかったことが証明される。声が聞こえると言っていた隣室から、死後数週間が経過した男性の遺体が見つかったのである。遺体は隣の住人で、まだ三十代。病死であった。

エリザベスが壁に向かって、「やっぱり、こっちがいいですか?」と話しかけていたことがあったらしく、あれは隣の死体と話していたんだな、とTは力なく笑う。

鯛地蔵

卓郎さんの趣味は海釣りだ。

ある初夏の日、釣果《ちょうか》の真鯛《まだい》を馴染《なじ》みの魚屋に持っていった。陸《おか》っぱりでこんな大物がかかるとは、とおどろくほどに見事な鯛だったそうだ。

「柵にして届けてもらっていいかな？　あとはこっちで適当にするから」

そう頼むと卓郎さんは家に帰り、手酌でちびちびやっていたのだが。

「なんだかすごいもんが出てきたぞ」

興奮気味の魚屋が卓に置いたものを見れば、それはミニチュアサイズの地蔵だった。子供の掌《てのひら》にもすっぽりと収まってしまうだろう大きさから判断すると、カプセルトイの一種だろうか。けれどそのわりにはソフビなんかではなく、高級そうな木材で出来ている。白檀《びゃくだん》のようだった。

魚屋によればその地蔵は、さっきの鯛の腹中に入っていたのだという。

「どうする？　縁起物だし、とっとくかい？」

卓郎さんは首を横に振った。抹香《まっこう》臭いのは閉口だし、おまけにすこし無気味だった。

「おれはいいよ。手間賃がわりに持ってったら？」

魚屋は傍目にも狂喜した様子で地蔵を持ち帰っていったが、数分後、近所のガードレールを車で突き破り、川に落下した。

引き上げられた時にはもう息をしていなかった。

直接の死因は溺死ではなく、運転中の心臓発作。

あの地蔵は海に帰りたかったのだろうか。

卓郎さんはそんなふうに考えている。

怪談作家になる方法

あなたも怪談作家になりたいんですか？　そんなの簡単ですよ。眼の前で見えてるものをそのまま書けばいいんです。なると決めたら、いくらでも見えるようになりますよ。ん？　なんだよ、うるせえな。お前みたいなただの生首なんかネタにならねえから、出てくるなって言ってるだろ。いちいち人の背中に貼りつくんじゃねえ。

いきさき

六歳下の弟、生まれてはじめて口にした言葉が「ぢごく」だったんだよね。翌日に親父が急死したけど、なにか関係があるのかな。あんた専門家でしょ。どう思う?

結婚の挨拶

彩香さんは結婚の挨拶のため、二人で彼の実家に行った。

北関東にある彼の実家は、少し古びた一軒家であった。ここには、女手一つで息子を立派に育て上げげた、彼の母親が独りで住んでいるという。

彼は「おーい、俺。連れてきたよぉ」と声を張り上げ、家の引き戸をがらがらと開けた。玄関の扉が施錠されていないのは、のどかな土地柄だからかと彩香さんは思った。

「さあさあ、遠慮せずに上がって。自分の家だと思って」

彼女が好きな人懐こい笑顔を浮かべて、彼が促してくる。

「お邪魔します」と彼女がパンプスを脱いでいるうちに、彼はどんどん家の奥に行ってしまう。急いで後を追うと、彼は弾んだ足取りでリビングに入っていくところだった。

「母さん、久しぶり。この子が、今お付き合いしてる彩香」

「こんにちは、はじめまし、て……?」

彩香さんは思わず挨拶の途中で絶句した。

彼が饒舌《じょうぜつ》に話しかけているのは、誰もいない空間。

白いレースのカーテン越しに陽光の差したリビングで、どんなに目を凝らしてみても、そこにいるのは彼と彼女の二人だけだった。

結婚の挨拶に来たのに、これはどういうこと？　私、からかわれているの？

「そうだ、これ東京土産《みやげ》。彩香と二人で選んだんだよ。母さんの口に合うといいけど」

虚空に向けて微笑《ほほえ》みながら、彼は手土産の菓子をテーブルの上に置いた。

いつも好ましく思っていた彼の笑顔が、そのときの彩香さんにはどこかうすら寒いものに感じられた。

「どうした彩香、初対面で緊張した？　母さんも喜んでるよ。リラックス、リラックス」

彼にそう耳打ちされたとき、紙の擦れ合う音にふと視線をテーブルに落とすと、手土産の菓子箱が開封されていた。

お土産の包装紙、いつ、剝《は》がしたの。誰が、菓子箱の蓋を開けたの？

すい、と虚空に個包装のビニール袋が自然な速度で持ち上がる。

次の瞬間、袋の中の丸い煎餅が、宙に浮いたまま〈ぱりん〉と二つに割れた。

それを見た彼女は、反射的に彼の実家を飛び出していた。

追ってきた彼に「母さんにあんな態度をとるなんて」と非難されたが、彼女が「私、あのお姑《しゅうとめ》さんとは合わないと思う。ごめんなさい」と頭を下げたところ、すんなり別れられたという。

永遠の恋人

悩み事が出来た時、塚田さんは大好きな亮太君に相談する。どんな悩みにも、亮太君は優しく答えてくれる。

付き合い始めて十二年にもなる。

五年前に自殺してからは、常に背後に立っているため、相談がしやすいという。

ちなみに塚田さんが男性とツーショットを撮ると、必ず亮太君が写り込んでくる。

そんな嫉妬深いところも大好きだそうだ。

トイレの前の獣

紘平さんが飲み屋のトイレを出ようとしたら、ドアが何かにぶつかって開かない。順番待ちの人がいるのかと思って「すみません、開けますからねー」と言いながらふたたびゆっくり開けようとしたがやはり何かにぶつかるので、隙間からたしかめると獣の脚のようなものが見えたという。

剥製《はくせい》？　と思いながら無理矢理ドアを押し開けると、薄暗い通路に立っていた四つ足のものがいきなり走り出して、壁しかない行き止まりの暗闇に消えてしまった。

のちにテレビでヒマラヤタールというウシ科の動物を見たとき紘平さんは「あのときの獣だ！」と思ったそうだ。

防犯ビデオ

都下のスーパーで主任を務める博昭さんが防犯ビデオの映像を確認したら、閉店後に作業する店長のまわりを中年男性がおどけたポーズや変顔をつくりながら延々つきまとう姿が映っていた。

たびたび真正面に立たれているのに店長はまったく男性に気づいていない様子。

驚いて本人に映像を見せると、

「あの糞オヤジのやろう、いったいいつまで……」

そう吐き捨てたきり絶句する。席を立ちそれきり二度とビデオのことに触れなかった店長は、翌日から酒臭い息で出勤してくるようになった。今までそんなことは一度もなかったのに、さらに客ともたびたびトラブルを起こした挙句に、ある日突然すべてを投げ出し失踪してしまったという。

ステルス托鉢

お昼前ぐらいだったと思います。ちょうど夜勤明けで、自宅の二階でうとうとしてたんですね。そしたら聞こえてきたんです、最初は近所でバイクとか車のエンジンをふかしてるのかなと思ってたんですけど、そのうち違う感じがし始めて。あ、同居の両親は朝から出かけてたのでその時は私一人でした。はい。それで何となく耳を澄ませるみたいにしてたら、どうも家の中で鳴ってるように思えてきて「ウ〜ウ〜ウ〜」って、唸《うな》り声のような響きなんです。気になったので階下に下りて様子を見たんですけど、玄関からなんですよね、その音が聞こえてくるの。何だろうと思ってタタキに下りてみたら、その瞬間でした、唸り声が一気に大きくなって、お経なんですよ、はい、お葬式なんかで唱えられるみたいな。それで私腰抜けちゃって、アワアワしながら玄関開けて外に逃げようとしたんですけど、扉が開いたと同時にお経の方が先に外に抜けていきました。いや怖かったですよ、不意打ちでしたし、わけわからんし。ええ、だから何となくああやって色んな家を巡ってるのかなとか思っちゃいますよね、ほんと、もう二度と来ないで欲しい。

ハイハイヨロシク〜

父親が獣になった。

一九七八年、百合さんの家が千葉県市川市で雀荘《じゃんそう》をオープンする、その前夜のことだ。夜中、父親はいきなり大声で叫びだし、口から泡をふいて暴れまわった。近所の人たち総出で取り押さえたのだが、熊かと思うほどのものすごい力である。

父は隣人の男たち数名をなぎ倒すと、奇声をあげてジャンプした。天井の梁《はり》に届くほどの、ものすごい高さの跳躍である。皆が呆気にとられる中、ぴょんぴょんと何度も何度も。

拝み屋の婆さんが駆けつけ、

「こりゃたいへん、狐が憑いてるね」

と看破した後、一時間にもわたるお祓い——というより大乱闘が繰り広げられた。

ようやく狂騒が鎮まったかと思うと、父はケロリとした顔でいつもの様子に戻った。

「あんた、お稲荷《いなり》さんに失礼なことしたでしょ！」

息を切らした拝み屋さんの詰問に、父がのほほんと答える。

「ちょっと掛け持ちしすぎちゃったかな〜」

雀荘開店を明日に控え、父は地元のお稲荷さんに商売繁盛の願掛けをした。

ただし一ヶ所ではない。市川エリアで巡ることのできる範囲の稲荷を手あたり次第に巡ったのだという。

「たぶん三十ヶ所以上は欲張っちゃったねえ」

自転車を走らせながら、稲荷社を見つけては停車する。鳥居もくぐらず、賽銭《さいせん》も入れず、自転車から降りることすらせず、その場で店を繁盛させてくれと願掛けする。

「いちおう片手くらいは上げて拝んだよ。ハイハイヨロシク～って」

なにしろ数を稼がなくちゃいけなかったからさあ。

父は反省の色も見せず、そう言い放った。

雀荘はすぐに潰れた。

殴り上戸

Mは泥酔するとなにかを殴りたくなる殴り上戸だった。電柱、看板、自販機、目に付いたものなら殴る。若い時は警察にも散々、御厄介にもなり、恋人も離れていった。

今は酒は呑まない。

「最後に呑んだ時……」

灯の落ちた暗い店先に何か大きなものが潜んでいたので、それを殴りつけ、蹴りつけてやった。『ざまあみろクソが！』そう怒鳴《どな》りつけると、帰り道にキラキラと光るものがあった。ダイヤモンドだった。日頃から楽して暮らすことを夢見ていたMはついに神への祈りが通じたと有頂天になり、道に点々と落ちているダイヤを拾い集めた。

ダイヤは先に先へと落ちている。と、ある敷地のなかに腰の高さほどの黒い土の塊《かたまり》があった。ダイヤはこんもりとした土のなかに埋まってキラキラと筋状に並んでいた。Mはしゃがんで拾い、そのうちに夢中になって腹這いに、仰向けになって散乱するダイヤを指でほじってはポケットに詰めた。

と、その土の中にひと際、大きなダイヤが先端を覗かせながら埋まっていた。赤ん坊の拳ほどもありそうだ。Mは必死になって掘り出そうとした。が、なかなか出てこない。

指が痺《しび》れ、爪も剥《は》げかけたのかズキズキ痛む。それでもこれさえ持って帰れば、俺はもう一生働かなくて済むと思うと、一生分の努力が今、試されているのだと頑張った。

と、不意に『おい！　なにやってんだ！』と怒鳴られた。

我に返ったMは仰天した。数人の男達が、彼を覗き込んでいた。

「工事用ダンプの下に潜り込んで、タイヤの溝に詰まった砂利を引っ掻いてたんです」

男達はMを引きずり出しながら、普段なら滅多に車の下部を点検などしない、あのまま車を動かしていたら、あんたの頭はまともにタイヤに押し潰されていただろうと、やや青ざめた調子で云った。

命拾いしたことに心底、ゾッとしたのは酔いが完全に醒めてからのことだった。

「あの日、流石《さすが》に自分のしていたことが恐ろしくなって、とぼついて戻るとき」

ふと目に付いたのは店先で文句を云いながら片付ける老夫婦の姿だった。

近所に居ながら気づかなかった蕎麦屋だった。

——大きな信楽焼《しがらきやき》の狸《たぬき》の頭が欠けていた。

Mは夫婦に「おはようございます」と云いながら、『すんません』と胸の中で頭を下げた。

地獄絵

岸部さんの高校時代の友人にＹという男がいた。無口なタイプだったが、岸部さんとは共通の趣味があり、よくつるんでいたという。

ある放課後、高校から近いＹ宅でダラダラしていると、彼が一枚の画布を持ってきた。

「最近、こんなのにチャレンジしてるんだ」

と見せられた油絵があまりに病んでいて、岸部さんはＹの正気を疑った。

血便のような色の海と空を背景にした砂浜で、大勢の人間が滅茶苦茶に殺戮《さつりく》されている、そんな内容なのだ。

犬、猿、鳥、馬……といった動物の頭部をもった筋骨隆々《きんこつりゅうりゅう》の大男たちが、巨大な肉切り包丁や草刈り鎌、木槌などの凶器を用いて、人体を無惨に破壊していた。

解体された人の首や手足、内臓が漂着物のごとく波打ち際に撒き散らされ、まるでこの世の終わりの光景だった。

犠牲者のうち何人かの顔は、岸部さんも見知った同級生や教員のものである。

それを指摘すると、Ｙはニヤリと薄笑いを浮かべた。

「こいつら、どうせ地獄行きだから」

十年後の現在、あの地獄絵に描かれていた者たちの約半数が、病気や事故、事件に巻き込まれるなどして、帰らぬ人となった。

Y自身も二年前、当時の恋人と二人で命を絶った。

無理心中だったのではと言われている。

某地／立ち聞き／二〇二〇年

あるある、ウチの実家もお札を柱に貼ってたもん。初詣《はつもうで》で親が買ってくんだよね。でも、なんでお札ってすぐ真っ黒になっちゃうのかな——え、なに青い顔してんの。

ごはん

玄関から人が入ってくる気配があって、時間から見て大学生の息子がバイトから帰ってきたんだろうと「おかえり、ご飯いるー?」と呼びかけた。玄関の方から「いるー」と返ってきたが、それがまったく心当たりのない女の声なので戦慄する。

雨の声

雨の降る日に亡くなったあの人の声が聞けるのは、雨の日だけだ。

もっと、ずっと一緒にいられると思っていた。

「共白髪になるまで歳を重ねていこう」と言ったあの人は、篠突《しのつ》く雨の日に不慮の事故で逝ってしまった。

朝から雨の降る日は独り、家で耳をすませる。

祈るように待っていれば、いつしか、そっとあの人が語りかけてくる。

姿は見せてもらえないが、あの人の声を聞くたびに、心に暖かな灯がともる。

生きているときに幾度となく繰り返してくれた、あの言葉と同じ言葉を言ってくれる。

それが聞きたくて、雨の日は家に篭り切りになる。

知人は幻聴だろうと言うが、それでもいいと思っている。

あの人がかけてくれる言葉は自分だけの秘密なので、誰にも教えるつもりはない。

縁を切られる

青木さんの家の近所に、地元民しか知らないような古びた神社がある。

霊験あらたかで、どんな縁でも切ってくれる。夫婦や恋人、親子、職場の上司など、種類は問わない。

青木さんは、バツイチの子持ちだ。当時、既婚の男性と不倫中だった。ふと思い立ち、神社に男性の離婚を願った。

その夜、青木さんは夢を見た。目映《まばゆ》く光る道を白い着物姿の老人が歩いてくる。老人の背後には、青木さんの娘がいた。

「願いを叶える代わりに、これは貰っていく」

そう言って老人は娘と共に消えた。それから数ヶ月後、青木さんは見事に男性と夫婦になれた。

老人の夢以来、原因不明で寝たきりだった娘は、母親の花嫁衣装を見ることなく亡くなったという。

ジャベリンの男

今から一〇年ほど前、ミヤコさんが五〇歳のころの話である。

接待で遅くまで飲んでいた夫を、ミヤコさんが車で迎えに行き、深夜で誰もいない住宅地の道路を走っていると、ヘッドライトに人の姿が照らし出されたので、ブレーキを踏んだ。

やり投げの選手が走ってきている。屈強な白人の男だった。

一〇メートルほど前でその選手は踏み切り、こちらに向かってやりを投げた。フロントガラスを突き破り、助手席で眠っていた夫の胸を貫く。

ミヤコさんは、思わず目を閉じて頭を抱え、うつむき加減で声の限りに悲鳴をあげた。肺の空気を全部出してしまってから、おそるおそる顔を上げると、フロントガラスは破れてなどおらず、陸上選手の姿もなかった。

眠っていた夫は、急に助手席のドアを開けて嘔吐《おうと》したかと思うと、胸を押さえて苦しみ出した。ミヤコさんは救急車を呼んだが、夫はそのまま帰らぬ人となった。大動脈解離だったという。

ひゅーっ

回転寿司のコンベアに乗って子供が回ってくる。親はいったい何してるんだ、と憤りかけて気づく。サイズ感がおかしい。どんな小さな子でも乗れるはずがない。やがて目の前に来た子供は目がウサギのように赤く、ひゅーっ、と空気の抜けるような音をさせながら通り過ぎ、死角に消えた。

もう一度回ってくる前に店を出たという。

ライト小僧とその友達

その日の夕方、Mさんは職場からの帰り道を歩いていた。

いつもよりやや早い時間帯、自宅アパートの手前にある団地に差し掛かった時だった。

「隣接する公園の中で小学生が五、六人、突然、弾けるように笑いだしたんです」

なんだろうと立ち止まり彼らの様子を伺うと、そのうちの一人が両手で顔を覆っている。

——ぎゃはは、光ってる！　光ってる！

そんな声が聞こえ「何が？」と首を傾げるMさんの前で、先ほどの男の子が、パッと、両手を顔から離した。

「ピカーって、ものすごく光ってるんですよ、その子の顔、それだけは覚えてるんです」

その「光る顔」を目撃してから小一時間、彼女には記憶が無いという。

気付けば夕暮れ時を過ぎ、辺りは真っ暗になっていた。

「ついさっき立ち止まったのと同じ場所で、同じ方向に顔を向けて、ただ立ってました。体感ではほんの一瞬、時間だけ飛ばされた感じで……」

公園には子供達も既におらず、街灯だけが寂しく光っていたそうだ。

さかがみ

おはよう、と目をこすりながら祖母の向かいに座った朝。おはようと返してきた祖母の頭は寝ぐせでとんでもないことになっていて笑った。白髪頭が逆立って、箒《ほうき》みたいになっているのだ。最近、髪が薄くなったと言って落ち込んでいたけれど、いやいや、なかなかの毛量だよ、と笑いながら伝えると祖母は「でもそれって死ぬってことだから」と言ったかと思うと座ったまま死んでいた。

そういう嫌な夢を見て目覚めた朝。自分が子どもの頃に祖母は亡くなっていたので、今さら変な夢を見るものだなと歯を磨いていると、ふと見た洗面台の鏡に髪の逆立った祖母が般若《はんにゃ》のような形相で映っていた。

過保護

夏美さんは、父に溺愛されて育った。欲しい物があれば直ぐに買ってくれる。やりたい習い事は全てやらせてもらえる。その代わり、近づいてくる男は一喝して退けられる。父にとって夏美さんは、自分の命よりも大切な宝物だった。

三年前の春。それほど愛した夏美さんを遺し、父は他界した。死にたくない、夏美を遺して死ねないと呟《つぶや》きながらの死であった。

葬儀を終えた直後から、父は夏美さんの真横に浮かんでいる。

変な言い方だが、生き生きとしているそうだ。おかげで夏美さんは宝くじに当たったり、職場で出世したりと幸運が続いている。

好意を持って近づいてくる男性が、漏れなく自殺する点だけが玉に瑕《きず》だという。

記念写真

ある日を境に、実家の本棚から特定の本が抜け落ちるようになった。

自分の生前から蔵書されている古い新書本だが、別に稀覯本《きこうぼん》というわけではない。今でもずっと版を重ねているような、教養系のありふれたタイトルだ。

その一冊だけが、たびたび本棚の前に落ちている。棚も床も傾いていないのになぜだろうか。同じことが三度も四度も続くので、試しに配列の位置を変えてみた。

しかし数日後、やはり同じ新書が床に転がっているのを見つけてしまう。さすがにおかしいとページをめくってみるが、装丁にも文章にも異常は見当たらない。

するり。

最終項の手前あたりをめくったところで、なにやら薄っぺらい物体が抜け落ちた。

拾い上げると、セピア色に褪《あ》せたずいぶん古い写真だった。

写っているのは、亡くなった祖父。まだ青年で軍服を着ている。背景からして、遠い外国の戦地における記念写真だろう。

祖父は人の生首を高々と掲げながら、満面の笑みを浮かべていた。

ホスト

　Sはかつてホストをしていた。容姿の良さと口達者を武器に、女は商品だと割り切って惨《むご》いほどの稼ぎ方をしていた。

　ある時、風俗に叩き売ったも同然の女と寝た。Sにとってみれば代わりは幾らでもいる使い捨て用の〈管理女〉だった。それでもたまには寝ないと管理にならない。

　深夜、とんでもない力で首を絞められた。今迄も二度ほどそうした経験のあったSだったが、目を開けると女はこちらに背を向け、すやすやと眠っている。

「おい」と揺り起こすと「どうしたのぉ」と眠い目をこすっている。眠ったふりをしたのではないことが顔の様子からもわかったので、勘違いかと寝直した。

　が、また首を締められた。目を開けると今度は更に首が絞まる。

「でも、女はこっちに背を向けて寝てるんです」

　躯《からだ》は動かなかった。もう息が続かない――死ぬかもしれない。

　その時、Sは自分の首を絞めているのが、背を向けて寝る女の頭から、ずるりと伸びてのたうつ髪であることに気づいた。髪はぎゅいぎゅいとSの首を呑むように締めていく。

「ぐぅっ」Sは絶息し、意識を失った――翌日、ホスト稼業から足を洗った。

白黒

土曜日の深夜にふと思いたち、愛車に乗り込む。

ずっと行ってみたかった、某心霊スポットへの単独行だ。

期待に反して怪異には出会えず、暗くて危険なただの廃墟にすぎなかったそこで、同じく一人肝試しに来た若者と出会った。

同好の士とわかればすっかり意気投合。

二人でこれまで訪れた心霊スポットの批評をしながら歩く。

愛車を停めた駐車場の街灯の下まで来たとき、あれっ？　と思った。

この若者、色がない。

懐中電灯でまじまじと照らしたわけではなかったので、スポットでは気づかなかった。

衣服は白いトップスに黒いボトムと、モノクロームに統一されている。

何より明るい照明の下、若者の肌は顔も腕も血の気が全くなく、紙のように白かった。

「あっ！」と思わず声を漏らすと、向こうも少し驚いたような顔をして、すうっとその場で消えてしまった。

父の訪問

佐貫さんが深夜、いかがわしいビデオを観ていたら、玄関の扉がほとほとと叩かれた。

当時、彼が住んでいたのは六畳の和室で、インターホンなんてものはなかったのだ。

扉のスコープ越しに覗いたところ、輪郭の曖昧な案山子《かかし》に似た何者かが立っていた。

ゆうれいだ。佐貫さんは思わず後退《あとずさ》りした。はじめて見ちゃった。

「おおい、おれだあ」

ドアの向こうから聞き覚えのある声がした。父の声である、が。

佐貫さんの父は何年も前に物故している。

肉親であっても、ゆうれいってこんなにこわいのか。

あとはもう、頭から布団をかぶり、朝まで震えていた。

「おおい、おれだあ」

「おおい、おれだあ」

明け方近く、父の声はようやく止んだ。

一睡もできなかった佐貫さんがおそるおそるドアを開けると、雨上がりの公園のように青臭いにおいのする液体が部屋の前で水溜りになっていたそうだ。

雛記

平成□□年十月

実家の蔵を解体中に雛《ひな》人形一体を発見。亡き祖母の形見として譲り受ける。

平成■■年三月

娘の誕生にともない、桃の節句に形見の雛人形を飾ってみた。女雛《めびな》ひとつきりでも、それなりに雛祭りらしくなるものだと感心する。

平成◇◇年二月

娘、「おだいりさまがいないからさみしがってるよ」と繰りかえす。テレビか何かで雛人形が男女一対と知ったのだろう。偶然にも、骨董市で古い男雛《おびな》を見つけて購入。大きさや顔立ちはかなり違うものの、そこは目を瞑《つむ》ることにした。

平成◇◇年三月

昨日飾った男雛の首が取れる。骨董だから仕方ないとはいえ良い気持ちはしない。娘が

「しんじゃったね」と手を叩いて笑うので、「ひどいことを言わないの」と諭す。ゴミの日に棄てるわけにもいかず、人形供養で有名な■■神社に男雛を納めた。

平成◆◆年三月

女雛を押し入れから出したところ結い髪がほどけており、肩までばさりと垂れていた。昨年の男雛の件もあって飾る気が失せ、なんやかやと理由をつけて飾らなかった。

平成▲▲年三月

「ことしはかざって」と娘に懇願され、しぶしぶ雛人形の箱を開ける。ほどけていたはずの髪がきっちり結いなおされている。私はもちろん、家族の誰も触れていない。

平成▲▲年七月

特養に入居した大叔母を見舞う。女雛について訊ねたが「そんなものを実家で見た憶えはない」と、つれない返事。年齢ゆえ記憶が曖昧なのだろう——と思いたい。

令和□□年五月

悩んだすえ、内緒で[redacted]神社に女雛を供出。帰宅後、泣かれるのを覚悟しつつ娘に告白したものの「でも、まだいるよ」と悲しむ様子もない。

令和[redacted]年三月

娘の言葉が正しかったことを知る。

口コミの女

トモユキさんは、ある地方都市で自動車整備工として長く働いている。

独身貴族の彼が、一人で暮らしているアパートは、古いが建物はよく手入れされており、立地条件も悪くない。駐車場もあり、駅からもあまり遠くなく、近くにコンビニやスーパーもあって、トモユキさんは気に入っている。


そのアパートで、三年ほど前から、隣の部屋が民泊に貸し出されるようになった。

外国人や、日本人の若者がしょっちゅう出入りするようになり、たまに夜遅くまで話し声がすることもあった。

だが、トモユキさんは神経質なほうではない。話し声がするといっても、大声を出して歌ったり騒いだりするわけではないので、睡眠を妨げられるようなことはなかった。苦情を入れたことも、一度もない。


ある日、近所にできたラーメン屋の評判を見るため、トモユキさんがスマホで地図アプリを立ち上げると、隣室の民泊にいくつか口コミが投稿されている。

部屋の使い心地についての感想はさまざまだったが、みな口を揃えて「うるさくすると、隣室の女性が怖い顔で苦情を言いにくるので注意」と書いていた。

よほど怖かったらしく、「あの町にはもう近寄りたくない」と書かれた口コミまである。

隣は角部屋であり、隣室はトモユキさんの部屋しかない。

ふりむかないほうがいいですよ

『いまうしろをふりむかないほうがいいですよ』


iPhoneでTwitterを眺めていたら、いきなりSiriがささやいた。

振り向いた先にあるのは、四階ベランダの窓。

引っ越したばかりの、札幌駅近く新築コンクリートうちっぱなしマンションの窓。

デザイナーズマンションだからなのか、あちこちの寸法が普通の家屋とちょっと違う。

ベランダの窓もやけに縦長になっていて、実家から持ってきたカーテンは丈がぜんぜん足りなかった。つまりカーテンと床とのあいだに、頭ひとつぶんの隙間が開いてるんだけど。

そこに誰かが這いつくばって、わたしを見つめている。

泥棒ではない。だって窓は閉まっている。どうしたって人間は這いつくばれない。

黙って向き直り、テレビをつけて震えているうち、後ろのそれは音もたてず消えた。

すぐにSiriの機能をオフにし、カーテンも長いやつに買い換えた。

新築のコンクリートうちっぱなしデザイナーズマンションでも、出るものは出るんだな。

ワンピース

夢に祖母が現れて「あたしはまだ死んでないよ」と言う。

見覚えのある花柄ワンピースの部屋着姿で、可織さんの目を訴えるように見つめて何度もくりかえす。

「あたしはまだ死んでないよ」

じっさい可織さんの祖母は健在で、隣町のおしゃれな戸建てで悠々自適の一人暮らしをしている。

目が覚めてからも妙に気になったので電話してみたが、人一倍早起きの祖母が全然電話に出ない。

胸騒ぎを覚えて家を訪ねてみると、寝室の床に倒れている花柄ワンピースの背中があった。

可織さんが夢を見た時刻には、まだ息があっただろうという話である。

霊山帰り

今年の五月、O氏は観光のため、とある霊山へ向かった。

寺の宿坊に泊まり、温泉を満喫し、楽しい旅となったそうだ。

帰宅した日の夜、ボイスチャットアプリを使って友人数人に土産《みやげ》話をしていると「なんか発言にノイズが入る」「だれか何か喋ってますよ」「テレビの音ひろってるのかな」などと、次々に妙なことを言われたという。

もちろん部屋には自分一人、テレビなどつけておらず、喋っている環境もこれまでと変わらないため、どうしてそんなことになるのか原因不明。あるいは自分が霊山に行ってきたなどという話をしたため、皆でからかっている可能性も考えたが、そういうことをするタイプの面々とは思えず、薄気味悪くなったと語る。

対処のしようもないため、苦し紛れに動画サイトを開いてお経が流れる動画を検索し、皆に聞こえないようにヘッドフォンを装着してから再生してみたところ、間髪を入れず「あ、ノイズ消えました」「オッケーです」といった反応が帰ってきたため、余計に気味悪かったとのこと。

死の臭い

死期が近い人は独特の臭いがする。大原さんは、その臭いを嗅ぎ分けられる。臭いの濃度によって、いつ頃死ぬかも分かる。

大原さんの祖母は自宅で息を引き取ったが、その二日前から強い臭いが家中に漂っていたという。

ある年、早朝出勤でいつもより早く家を出た大原さんは、今まで嗅いだことのない激臭に襲われた。

自分が暮らしているマンションで何事か起こるのだろうか。気にはなるが、注意して回るわけにもいかない。

後ろ髪をひかれながら車に乗った。途中のコンビニに立ち寄った時、大原さんは異常に気付いた。

激臭は町全体に漂っていたのだ。わけが分からないまま、大原さんは職場に向かった。

平成七年一月十七日、火曜日。阪神淡路大震災が発生した朝のことである。

にこにこ

日中、繁華街のそばにある地下街へと続く階段で一度だけ幽霊のようなものを見たという。

月島ハナさんは近くに職場のオフィスがあるので、休憩時間はよくその階段を下りてすぐのところにある石垣風の花壇に腰をかけてパンを食べるのだが、その日、自分と同年代くらいの短パン姿の女性が階段に座りこんで「あー」と大きな声をあげていた。

ハナさんからは背中しか見えないが、転んで怪我でもしたのか、相当痛がっている様子。彼女の横を通る人がチラチラと見て、たまに顔をしかめている。出血がひどいのかもしれない。

放っておけなくなったハナさんはポケットティッシュを手に近づこうとするが、その女の人がいなくなった。

目でしっかりとらえた状態から消えたので、立ち去ったわけでもなく、階段から転落したわけでもない。見ている前で瞬間移動でもしたかのように消えたのである。

同じものを見た人はいないかと周りを見ると、さっき通りすがりざまに顔をしかめていた中高年の男性が、少し離れた場所からにこにこと笑みを浮かべながら、ハナさんに向かって手を振っていた。

その笑みに強い不安を覚え、慌ててその場を立ち去った。

黄色い花

十年ほど前。正則さんはドライブがてら、県内でも有名な心霊トンネルを訪れた。

友人と二人の肝試しだったが、警察に職務質問された以外はなにも起こらなかった。

地元である横須賀《よこすか》に帰ることにして、しばらく車を走らせていると。

ヘッドライトが照らす路上に、なにか落ちているのを見つけた。カボチャほどの大きさの、黄色い花のような物体。それが車線のど真ん中に、ポツリと置き去りにされている。

変わったゴミだとは思ったが、特に気にすることもなく、その上を両輪にて跨ぐかたちで通り過ぎたのだが。

そこから少し進んだところに、また同じものが落ちているのが目に入った。

「あれ、さっきもあったよな」

正則さんと友人のどちらからともなく、そんな声をあげた。車を路肩に停め、徒歩にて先ほどのポイントに引き返してみた。

それは、小学生が通学時に被《かぶ》る黄色い帽子だった。キャップ型ではなく、つばがグルリと一周する、かわいらしいメトロ型。

車に轢《ひ》かれた跡もないし、物自体も真新しく汚れひとつない。なにかの拍子に「落ちてしまった」というより、ふわりと「置いていった」様子。それがまるで黄色い花が咲いているように見えたのだ。

気持ち悪いな、と言い合ってその場を後にした。

しかし十分ほど車を走らせると、またまた同じ帽子が路上に現れたのである。

結局、横須賀市の自宅そばにたどり着くまで計十回ほど、ほぼ等間隔で黄色い帽子が置かれていたのだった。

あまりに不可解に感じた正則さんは、途中でひとつだけ帽子を拾い、家に持ち帰った。

後日、そこに書いてあるマークを調べると、自宅すぐ近くの小学校の校章であることが判明した。

「お前の居場所を知っているぞ……と警告されているようで怖かったですね」

現物を持っているなら譲ってほしいとお願いしたが、家族がなにも告げず勝手に処分してしまったとのこと。残念でならない。

草野球の女

カズトさんは、三〇年前に友人たちと草野球チームを作った。練習も試合も楽しかった。当時の仲間や、その奥さんや彼女たちがおさまった写真が、カズトさんのアルバムにはたくさんある。

あの頃は本当に楽しかったね。みんな若くて、無茶なこともできたし。五年ぐらいやったのかな。だんだんみんな仕事が忙しくなったり、子どもができたりして、自然に消滅しちゃった。でもこのアルバムを見ると、当時のことが思い出されますね。今でも付き合いのある人もいるし、もう亡くなった人もいるし、外国へ行った人もいます。女性陣も、この後すぐ別れちゃった人もいれば、結婚して今も仲良くやってる人もいる。この中で別の男に乗り換えた女もいますよ。あれは揉めたなあ。

けどね、この人だけは、誰だかわからないんですよ。

カズトさんはそう言って女性たちばかりの集合写真を取り出すと、真ん中にいる、二〇歳ぐらいの女性を指さした。

ポニーテールに、白いTシャツを着てグレーのショートパンツをはいた、いかにも快活そうな女の子である。

全然見覚えがないし、誰に聞いても「こんな子いたか?」「誰かの彼女じゃないの」って言うだけで、心当たりのある人がひとりもいなかったんですよね。撮った直後から、三〇年間ずっと謎のままだったんです。

でもね、この前、大学生の息子が、うちに彼女を連れてきたんですけどね。

あの写真の子にそっくりだったんですよ。

そうだもんで、この写真の人、きみのお母さんか親戚だったりしないか、って聞いてみました。

そうしたら、うんざりした顔で「またですか」って言われましたよ。

その子が言うには、今まで何回もこんなことがあって、古くは七〇年前から、自分にそっくりの女の写真があちこちで撮られていたそうなんです。

本当かなあ。息子が最近痩せてきて、心配なんですよ。どうしたものでしょうか。

ユーレイですから

里穂さんがJR山手線大塚《おおつか》駅のホームで電車を待っていたらスーツ姿の女性がいきなり線路に飛び込んだ。

「あぶない！」

駆け寄ろうとする里穂さんの腕を、だれかがぐッと掴んだ。

「大丈夫、ユーレイですから」

耳元で、男の声がした。

えッ？　と振り返った先にはだれもおらず、落下したはずの女性も姿を消していた。

むくい

　ガキのころ、オフクロの口紅をこっそり持ちだして、友達とイタズラしたんだよ。ほら、横断歩道の前に子供の人形が立っているでしょ。「手をあげましょう」的なヤツ。あいつに口紅塗ってさ、唇を真っ赤にしたの。理由なんてないよ、イタズラだもん。ゲラゲラ笑ってハイおしまい。で、帰宅して飯食って、風呂入ってベッドで寝て——起きたら口も頬も額もまぶたも顔じゅうが真っ赤よ。自分じゃ気づかなかったけど、朝飯食いにリビング行ったらオフクロが絶叫したんで判ったってワケ。ま、十中八九あの人形の仕業だと思うけど、その程度で済んで良かったよ。だって、一緒に行った友達は人形の足にキックしたり顔面殴ったりしてたんだもの。うん、そういうコト。三ヶ月学校に来なかったよ。

誘蛾灯

「幼馴染《おさななじみ》の愛依が、干支二回り以上も年上の男性と結婚するって言ったの」

聖恋さんは彼女を祝福するつもりが、愛依さんのお相手はなんと複数の離婚歴があり、宗教団体を営んでいる教祖なのだという。

「バツ4だっていうから、そんな男、絶対問題あるに決まってるって言ったんだけど」

聖恋さんの忠告に愛依さんは、「彼は霊能者として徳が高すぎるから、普通の女では添い遂げられないけれど、私なら本当の愛があるから大丈夫」と豪語してみせた。

「ケチをつけたせいだろうね。愛依の結婚式、私は呼ばれなかったよ」

共通の友人から結婚式の画像が送られてきたが、相手は〈おじさん〉としか言いようのない冴えない中年男性で、聖恋さんは彼に魅力を微塵も感じなかった。


それから三年が過ぎ、聖恋さんは愛依さんの離婚を本人からメールで知らされた。

愛依さんからのメールに添付されていた画像を開いて、目を疑った。

それは、離婚前に撮ったのだろう夫婦のツーショット。とんでもなく老けた女と、肌の艶々《つやつや》した、生命力に溢れる若い男が同じフレームに収まっている。

「愛依は口元に大きなホクロがあって、その老《ふ》けた女も同じところにホクロがあった」

メールの本文には、「私、あいつに吸い取られちゃった」という一文があった。

すぐさま、聖恋さんは愛依さんの結婚式の記念写真をネットで確認した。そこには四十路も後半の冴えない男性と、若さ咲き誇る美しい二十代の愛依さんの姿がある。

最近の画像では、夫婦の年齢がまるで逆転したかのようだ。

ほどなくして、愛依さん自死の報が知人からもたらされた。

葬儀に出席した聖恋さんは、そこで彼女の元夫を一目見るなり、自宅へ逃げ帰った。

「そいつが愛依を自死に追いやった憎い野郎だから、じゃあないの」

かつては〈パッとしないオジサン〉としか思えなかったのに、葬儀に参列した元夫が、聖恋さんには魅力的に見えてしまったからだ。

「まるで、体の中から光を放っているみたいで、誘蛾灯に焼かれる虫みたいに、そいつに吸い寄せられそうだった。だから逃げたの」

友人の仇《かたき》に胸がときめいてしまったことが、なんとも恐ろしかったのだという。

「そいつは妻から若さとか生命力を吸い上げて、絞り取ったら用無しでポイ、みたいなことを、これからも繰り返していくんじゃないかな」

見守る者

片山さんは、ふとした切っ掛けで霊能者と知り合った。戸坂という中年女性だ。

戸坂は、その人を守っている霊が見えるという。

片山さんは、自分の守護霊を訊いてみた。

しばらく片山さんを凝視していた戸坂は、おもむろに口を開いた。

「貴方に憑いているのは、野田哲夫《のだてつお》」

聞いたこともない男性の名前を出され、片山さんは戸惑った。そんな人知りませんと答えると、戸坂は言葉を続けた。

「平成五年七月、大阪梅田で貴方を見て一目惚れ。それからずっと側にいる。今回のこれが良い機会だから存在を教えてあげてと言っている」

ずっと側にいた証拠として、戸坂は片山さん本人しか分かるはずがないことを、年代毎に述べていった。

気持ちが悪いから成仏してもらってと頼んだ片山さんに、戸坂はあっさりと言った。

「成仏は無理。まだ生きてるから」

一周忌

友人の一周忌で集まった仲間たちと飲んでいたら、急に店内が真っ暗になって読経の音が十秒間くらい流れた。照明のついた店内で慶太さんたちは「いったい何の演出なんだ？」と首をかしげたが他のテーブルの客たちは何事もなかったように談笑しているし、店員に訊ねてもそんな音声は流していないし停電もしていないという。

後日慶太さんがそのときの仲間の一人に会ったら「あの場では言えなかったけど照明がついた後ずっと腐った卵と鉄錆《てつさび》の混じった臭いがしてたんだよね」と打ち明けられた。たぶんあいつ成仏してないと思うよ、そう彼はぽつんと付け加えたそうだ。

気付いた結果

その日の朝、F君は通勤のため、いつものバスに乗っていた。

流れる町並みをぼんやり眺めつつ仕事のことを考えていると、バスは停留所に停まった。

その時、ふと気にかかったのだという。

「あ、あの人またいるなって」

毎朝毎朝、同じ時間帯、同じ場所に、同じ姿勢、同じ服装で立っている人。

小柄で体の線が細いのと髪が長かったことから、女性だろうと思ってはいた。

「なので、それまで毎日見てはいたんです、でも不思議と気にかかりはしなかったんですよね、何か日課的な用事があるのかも知れないし、変なことしてるわけでもないし」

ただ、よく見てみれば、妙ではあった。

「その人が立っていたのは商店の軒先で、周囲を従業員らしき人達が慌ただしく動いているんですよ、普通に考えて邪魔だし、外に出ても大丈夫な部屋着って感じのスウェット着た人に毎日立たれたら、店の印象に関わるんじゃないかとか、その日に限って急にそんなことを考えたんです。それでちょっと興味が湧いて、どんな顔の人なんだろうと」

バスが動き出し、彼女の直前を通り過ぎる、Ｆ君は右から左へ首を振りながらその顔を凝視した。

「これホントなんですけど、顔が無かったんです、のっぺらぼう、驚いちゃって」

思わず車内を見回すも、誰もそんなことには気づいていない様子。

「まぁそれもわかります、俺だって前日まではそうだったんですから」

次の日、彼女が本当にのっぺらぼうなのかどうか改めて確認するべく勇んでバスに乗り込んだＦ君だったが、いつもの場所に彼女の姿はなかった、それから今まで会えずじまい。

「目が合うとかはもちろんないわけですけど、俺がそうと気付いちゃったのを、逆に気付かれたのかなって感じがあります。野次馬根性みたいなところを見透かされて、嫌がられたのかなとか。せっかくひっそり佇《たたず》んでいたのに、なんだか気の毒なことしたなぁと」

バスのゲーム

老舗《しにせ》デパートの四階キッズコーナーに、バスの形をしたゲームがある。某アニメに登場するカラフルなバスで、中に乗り込んで前のモニターで間違い探しをし、遊び終わるとカードが出てくる。篠原さんの長男Uくんはこのゲームが大好きで、デパートに着いてすぐと帰る前の二度は必ず遊んでいく。遊んでいるあいだ、篠原さんはUFOキャッチャーを眺めたり、ベンチに座って待っていたりする。

その日の帰りもキッズコーナーに寄るとUくんはゲームに走っていったので、近くのベンチに座ってスマホを見ていた。ふと見ると、Uくんはまだバスに乗っておらず、乗り込み口の前に立って中をじっと見ている。先客がいたのだろう。このゲームは稼働中、ゆっくり前後に動くのだが、今は動いていない。それでも、遊び終わってそのまま居座っていたり、ゲームは遊ばず、ただ中で座っていたりもする。いずれにしても次は自分が遊ぶ番だからと追い出すわけにもいかないので、飽きて出てくるか、気づいた親が連れ出してくれるかを待つしかない。

それにしても長いので、行ってUくんの後ろからバスの中を覗き込むと、外国人の男の子が乗っている。くりくりとした髪に褐色の肌。インド系だろうか。

カードが出たまま残っているので、さっきまで遊んでいて、余韻に浸っているのだ。その邪魔をしてはいけないので、「もう少しあとでまた来ような」と連れていこうとするがUくんはかまわずバスの中へと入っていく。「あー、こらこら、ごめんね～」と中を覗くと、いつの間に出ていったのかインド系の男の子の姿はなかった。

帰宅してからUくんが、あの子は幽霊だったと言いだす。

どうしてそう思うのかと聞くと、あのカードをあそこに忘れていったからだという。そうなのだ。カードは持っていかれないまま、取り出し口に残っていたのだ。

そのカードを持ち帰ったからだろうか。

篠原さん宅では数日、ボールなどないのにボールが跳ねるような音がリビングで鳴り続ける。それが鳴ると決まってUくんがケタケタと笑いだす。

関連

「俺、昨夜寝てたらひさびさ金縛りにあってさ」

職場の後輩にそう話しかけると。

「金縛りって本当にあるんですか？　あったとしても、ただの疲れですよね」

幽霊などいっさい信じない彼らしい答えが返ってきた。

「そうかもだけど、昨日はオバケが出る夢を見たすぐ後で金縛りに」

「ベッドの中で体が動かなくなれば金縛りですか？　幽霊が出なくても？」

そうだよ、と答えれば、それなら前にたった一度だけ、と後輩は言う。

「夜中に目が覚めたら、朝までずっと体が硬直して動かなかったことがありました」

「だからそれが金縛りだって。疲れがたまってたの？」

「いやまったく。むしろずっと仕事が暇な週でしたし、その日だって……」

ああ、と後輩が声をあげた。そういえば帰宅する直前、それなりに体を動かす出来事があったのを思い出したそうだ。

「帰り道に白い蛇がいて、それをまわりの人たち皆で頑張って殺したんです」

「え？　なんでそんな」

彼は穏やかで優しい性格で、声を荒げた様子すら見たことがない。

「いや別に。ただなんか僕も他の人たちも、そういうテンションだったというか」

川沿いの遊歩道を歩いていたら、透きとおるような白い蛇が、目の前を横切っていった。

その場に居合わせたのは、後輩ふくむ歩行者数名。彼らは互いに目くばせした後、それぞれ脇の植え込みに落ちている石を拾いだした。

そして全員が無言のまま、白蛇にむかって石を投げ続けたのである。

はじめは体にかすりもしなかった。しかし何度も何度も繰り返していると、一発、二発と石が命中していき、そのうち蛇は動かなくなった。

後輩はひときわ大きな石を真上から落とし、蛇の頭を完全に潰した。

金縛りにあったのは、その夜のことだったという。

後輩は今の今まで、蛇殺しについても金縛りについてもすっかり忘れていた。当然これまで両者を関連づけてはいなかったし、記憶が甦った今ですら結びつける気はないようだ。

彼は穏やかで優しく、幽霊などいっさい信じていない。

ピリピリのゾーン

小沼さんは、自室の決まった場所を踏んだ時に限って、ピリピリと足が痺れるのに気づいた。いつの間にかそんなゾーンのようなものが発生していたのである。

そこは居間と廊下をつなぐ扉のあたりで、周囲に電化製品等は設置していない。実害はない。もっとも、居間を出入りするたびにピリピリくるから、気にはなる。

そのピリピリのゾーンはしばらく同じところに存在していたが、小沼さんの真下の部屋で住人男性の縊《い》死体が発見された日を境に消滅したようだった。

男性は居間のドアノブに紐をかけて亡くなっていたのだ。

投書

【以下、原文ママ／掲載了承済み】

気をつけてくださお部屋にぬいぐるみや人形があるときはなるべく背中を見せないほうがイイです。振り返るばあいはぬいぐるみやお人形がワカるように大きく伸びをしたり声を出してください。もしも見ているのを見られたら許さないから気をつけてくださ忘れないでくださ私はそれでダメでした。

古民家の子ども

ヨシハルさんの実家は豪農の家柄で、お屋敷は立派な瓦葺《かわらぶ》きの屋根と、土間や囲炉裏《いろり》や広い縁側のある、純日本式の豪邸だった。昔は祖父母はじめ三世代が同居する大家族だったが、時代の流れとともに家を出る人が多くなり、昨年ヨシハルさんのお父さんが亡くなったことで、住む人がいなくなった。

ヨシハルさんは首都圏に自宅を持っているので、無人になった実家は、リフォームして民泊に貸し出すことにした。リフォーム代はかなりの金額になったそうだが、おかげでお屋敷はぴかぴかになり、開業してすぐに予約が何件も入ったという。

しかし、利用客からの評判は芳《かんば》しくなかった。

家は快適だが、トイレに子どもの幽霊が出る、というのだ。

ヨシハルさんがここで育ったころは、暗くて怖い汲み取り式のトイレだったが、水回りもリフォームされ、ウォシュレットのついた清潔で明るいトイレになっている。しかし、利用客が夜にトイレを使おうとして扉を開けると、三歳ぐらいの男の子が裸で泣いていて、客が驚いているとすぐ消えるのだそうだ。

その子は、ぽっちゃりとした体つきで髪の毛はマッシュルーム型に揃えられており、度の強い眼鏡をかけていた。そして身体のあちこちにみみず脹れがあり、どう見ても虐待されている子どもだった、と目撃者は口を揃えて言うのである。

この家で、ぽっちゃりしてマッシュルームカットで、度の強い眼鏡をかけている子どもって、どう考えても幼い頃の僕なんですよ。

でも、僕は虐待なんてされたことないです。親に叩かれたことなんか一回もないですよ。むしろ甘やかされて育ったと思ってます。

アレですかね、実は僕は双子で、片割れは虐待死していた、とかそういうことなんですかね？　ホラー映画でよくありそうだけど、でも現実にあるとは思えないですよねえ。

リフォーム代のモトが取れるのはまだかなり先ですから、それまでなんとかお客がついていてほしいです。

お祓い？　冗談じゃないですよ。僕は現に生きてるんだから、そんな子どもの霊なんかいるわけないじゃないですか。いないものを祓うなんておかしいでしょう。

ヨシハルさんは、度の強い眼鏡をくいっと直しながら、こう言うのだった。

時効なし

卒業した小学校が廃校になったと知り、林さんは急遽、プチ同窓会を企画した。校舎が取り壊される前に、何か思い出を作りたかったのだという。

その日、都合のついた木下と森という二人の旧友と共に、林さんは夜の小学校へ侵入した。セキュリティシステムが生きているといけないので、残念ではあるが校舎内への立ち入りは断念した。彼らは星空の下、校庭でしばし酒盛りをするつもりだった。

サッカーゴールの下に持参したブルーシートを敷き、さあ飲もうというときのことだった。つまみや缶チューハイにやたら校庭の土が舞い、降りかかってくる。

ほぼ無風なのにどうしたことか、とくに木下に向けて土埃《つちぼこり》が集中するようであった。

「この辺りは埃が舞うから、少し移動しようか」

三人で手分けして荷物を持ち、林さん達は校舎の方へ向かった。

二人に少し遅れて木下さんがシートを抱えて来ると同時に、無人のサッカーゴールが彼の側頭部をかすめて倒れた。

「危ねえ！　もう少しで頭潰されるとこだったじゃん、これ固定されてないのかよ！」

驚きのあまり叫んだ林さんだったが、当事者の木下さんは意外と冷静で、乱れた髪の毛を手櫛《てぐし》で直していた。木下さんが言う。

「時効だと思ったから来たのに、まだダメなんだなあ。俺、学校に嫌われてるんだよ」

どういう意味なのか林さんが尋ねると、木下さんは「ドン引きされるから言わない」と言って、そそくさと帰宅してしまった。

「えっ、どういうこと？　木下が何をしたっていうんだ？」

林さんが怪訝そうに呟くと、それまで押し黙っていた森さんが応じた。

「木下の奴、マジでヤバいぞ」

怪しい物を見ることがあるという森さんによれば、シートを手に木下さんが歩いてきたとき、校庭から土と同じ色をした手が無数に現れて、サッカーゴールをひっくり返したのだという。

「木下、まるで事前に倒れることがわかってたみたいにゴールを避けてた。あいつもたぶん、手が見えてたんだ。一体何をしたら、あんなに沢山《たくさん》の手に狙われるんだろうな」

飲み会はそこでお開きとなり、その後、なんとなく気まずくなった林さんは森さんとも、木下さんとも付き合いをやめてしまった。だから、木下さんが過去に学校で何をしたのかは不明なままだ。

指切りげんまん

伊藤さんには優香さんという彼女がいる。優しく可愛らしい女性だったが、両親の事故死を切っ掛けに、優香さんは徐々に精神を病んでいった。

表情が乏《とぼ》しくなり、常に何か思い詰めている。何とかして励まそうとしていた伊藤さんは、次第に疲れてきてしまった。

特に嫌だったのが、何かにつけ約束を強要することだ。本人曰く、人はいつ死ぬか分からないけれど、将来を約束することで不運を乗り切れるのだという。気持ちは理解できるが、指切りをするまで泣きわめくとなると異常だ。

散々悩んだ末、伊藤さんは思い切って別れ話を切り出した。

修羅場《しゅらば》を覚悟して挑んだのだが、意外にも優香さんはあっさりと受け入れた。感情が読みとれない顔つきで、優香さんは立ち去った。

その夜、伊藤さんは優香さんの夢を見た。能面のような顔つきで近づいてくる。

「今週の土曜日は二人が出会った記念日よ。いつもの店、予約しといてね」

そう言って、優香さんは右手の小指を差し出してきた。伊藤さんの右手の小指に絡んでくる。夢とは思えない生々しい感触がある。

目を覚ました時、伊藤さんの小指は内出血でもしたように黒ずんでいた。当然、予約などするはずがない。その日の夜、伊藤さんは再び優香さんの夢を見た。前回と同じように近づき、小指を差し出してくる。

「明後日《あさって》は二人が初めてキスした記念日。あの海までドライブに行きましょ」

目覚めた時、また小指が黒ずんでいた。今回は、やや痛みがあった。

それからも優香さんは夢に現れた。回数が増すにつれ、小指の痛みも増していく。どうやら内部から腐ってきているらしい。医者に診せたが、原因が分からない。

焦った伊藤さんは、優香さんの自宅に向かった。

家は無人であった。売物件の札が貼ってある。近所の人に訊いてまわったが、行き先を知る者は皆無であった。

伊藤さんの小指が腐って落ちてからも、優香さんは夢に現れる。

今は、左手の小指を差し出してくるという。

腹に一物

アヤコさんが、お友だちのチカさんと、お互いの職場から近い大きな公園のベンチに座って、ランチボックスを広げていたときのことである。

彼女たちの前を、スーツ姿の男が通っていった。

それからしばらくすると、さっきの男が戻ってきたが、その下半身は裸になっており、隆々《りゅうりゅう》と屹立した男性器をアヤコさんたちに見せつけてきたという。

露出狂の変態なら何度も見たことがありますけど、あんな真っ昼間に出てくるなんて思わなかったので、びっくりしました。とっさに、水筒に入れていた熱いお茶を、股間に向けてかけてやったら、女みたいな悲鳴をあげて逃げていきましたけどね。

アヤコさんが気丈に対応した隣で、チカさんは顔を覆って震えていた。

変質者との遭遇で怯えているのかと思うと、チカさんは自分の見たものについて、アヤコさんに語ったのだという。

チカが見たのは、私が見たのとは全然違うものだったんです。

男の股間は赤黒い血にまみれていて、男性器は何もついていなかったというんです。去勢された男が、縫い合わせてもいないその傷口から、じゅくじゅくと血があふれてくるのを見せつけてきた、と言うんですよ。

真っ昼間のことだし、見間違えるはずもないと思うんですけどね。でもチカは大真面目にそう言うので、私のほうが見間違えたのかなと思っちゃいました。

チカさんはその三ヶ月ほど後から、子宮の病気で体調を崩し、入退院を繰り返しているという。

右足

柾子さんは二十代の頃住んでいた部屋の夢を今でも時々見ることがある。その部屋はシェアしていた友人が病気になり、九州に帰るので解約したのだが、友人はその後入退院をくりかえして若くして地元で亡くなっている。

夢の中ではいつも引き払う直前の部屋で二人で話している。最後に友人がぽつりと「ほんとはあんたが病気になるはずだったのに」とつぶやき、動揺しているところで目が覚める。現実にはもちろんそんなひどいことは友人に言われてないのだが、まるで本当の記憶のように生々しく声が耳に残って、汗びっしょりで跳ね起きるのだという。

そんな朝はきまって、家のどこかで泥が乾いたようなはだしの足跡がひとつだけ見つかる。足跡の残っている場所は廊下や浴室や客間など毎回違うが、いつも右足で、大きさから見て女の人のものだ。

柾子さんにはその足跡が、夢じゃないよ、本当に来たんだよという証拠に友人が残していったもののように感じられるそうだ。

雛女

亡き母の遺品を整理していたおり、古い姿見を見つけ、なんとはなしに鏡台の前へ置いた。はからずも合わせ鏡となって、無限に続く部屋が双方に映りこんでいる。

それがなんだか落ちつかず、角度を変えようと鏡台に一歩近づいた直後、鏡面から雛鳥《ひなどり》のように痩せた女がどぼりと出てきて目の前を通過し、姿見の奥へ消えた。

数年後、ためしに自宅で大鏡を向かい合わせてみた。

やはり、おなじ女が姿を見せたそうである。

靴形代

Yさんは当時中学三年生、下校時のこと。

「家に帰る途中、自動車での事故があった現場を通りかかったんです」

遡《さかのぼ》ること数日前、複数の車が絡み死者も出た大きな事故であったそうだ。

「お花とか置いてあって、薄暗くなっていたのもあり、ちょっと嫌だなと思っていました」

早歩きになってしまった彼女は、その場でつまづいてしまったという。

「なんだか足元がおかしい感じがして、見たら靴紐に覚えのないストラップが絡みついてて」

なぜか複雑に絡まっており、簡単には外せそうになかった。

「それで私、自分でもよくわからないんですけど、その靴を履いているのがものすごく気持ち悪く感じて、とっさに両方とも脱いで靴下だけで家に帰ったんです」

帰宅すると、当然そのことを母親に咎《とが》められた。

「『馬鹿なことやってんじゃないよ』って言われて、今から車で取りに行くよと」

Yさんは母親の運転する車に渋々乗り込むと、靴を置いた場所を告げた。

道すがら、どうして靴を脱いだのか問い詰められ、彼女は説明に窮した。

「変なストラップが絡んだせいで、とにかく気持ち悪かったっていう以外の理由がなかったので、本当に困りました。何より、あの靴を回収して家に持って帰りたくなかったし、どうあれ次の日にも絶対に履かないつもりではいました」

要領を得ないYさんに対し、母親は烈火のごとく怒りをぶつけた。

「モノを粗末にするなとか、そんなこと私もわかってたんです、その上でのことだったのでもう半分以上悲しくなってましたね」

やがて現場に到着し、靴を回収するべく車を降りた親子だったが、つい十数分前に脱いだばかりのそれは、どこを探しても見つからなかった。

「ああ、やっぱり持っていかれたんだって、あれ、あのまま履いてたら私、死んでしまってたんだろうなって確信が迫ってきて、怖くて泣きました」

母親は娘の涙を反省の印とでも理解したのか、怒りの矛《ほこ》を収めたようだった。

事故死した人の無念によるものだろうか？　とYさんに問うと、彼女は首を振った。

「いや、あれは多分、あの時期に限ってあの場に何か悪いモノが居たんだと思います。事故そのものが、恐らくはそれの影響で引き起こされたんだろうなっていうのが私の考えです」

事実、その後も数か月の間、その通りでは事故が頻発したらしい。

ペンギン

和泉さんのお母様のYさんが平成の始め頃、銀座の洋服店の前で小さな幽霊が歩くのを見た。消火器くらいのサイズの黒いものがヒョコッヒョコッと歩いていくのが見えて、後ろからだとペンギンが歩いているように見えたが、速足で追いついて回り込んでみるとそれは小さな人だった。白人のような顔立ちで、昔に見た映画に登場していた役者に似てハンサムだったが、首から下が黒い円筒のようで手も足もなく、どう歩いているのかがわからない。

それはYさんに目もくれず、急いでいるかのようにヒョコッヒョコッと数メートル進んで、すうっと消えた。そこではじめて、幽霊だったのだとわかったそうだ。

まだ外の明るい時間帯であったという。

両側

住み慣れた町なのに駅から自宅までの道に迷ってしまう。

徒歩七、八分の距離をもう一時間以上歩いている。駅に着いたのは夕方だったのにすっかり辺りは暗い。スマホで調べればすぐ位置がわかると思いつつ、意地になってそのまま歩き続けたら卓也さんは公園の前に出た。大きなポプラの木のある公園だ。

毎日前を通る公園で、ここから自宅までは一分もかからない。ほっとして先へ進もうとしたが、道の反対側にも公園があることに気づく。やはりポプラの木のある公園で、遊具やベンチのレイアウトもまったく同じ。本当は古びたマンションが建っているはずの場所だ。

その公園の前の歩道にも人が立っていた。街灯の下で、放心したような目でじっとこちらを見ている。


そこから家に着くまでの記憶が卓也さんは飛んでいる。道のむこう側にいた人の顔もまったく思い出せない。

だが思い出せないからこそ、それは自分の顔だったと思えてならないそうだ。

絆創膏

中国人留学生の李さんがマッチングアプリで知り合った男性と会うことになった。

待ち合わせは新宿アルタ前。のはずが、時間になっても男性は一向に現れない。

これはすっぽかされたな、と李さんは思った。

まあ、こんなこともあるだろう。

あまり気にせず、コンビニで夕飯を買って帰った。

が、寝る前にもう一度アプリを開いたところ、件の男性からメッセージが届いていた。

「今日はありがとう！」という簡単なお礼の後に、一枚の写真が添付されている。

居酒屋かバーか、とにかく薄暗い屋内で撮影された男性のセルフィーである。

男性の肩に顎《あご》を乗せるようにして、一人の女がいる。

その女の顔を見た李さんは、ムカデに全身を這われたような怖気《おぞけ》をおぼえた。

女は、顔中に無数の絆創膏を貼っていた。

目鼻口はすべて塞がれ、表情はまったく読み取れない。

即座に男性をブロックした李さんだったが、どういうわけかその後もアプリを開くたびに彼からのメッセージを受信している。

内容は「最近どうしてる?」「また会いたいな」というような他愛ないものだった。
ブロックしてるのに、どうして?
ある日、またしても男性からメッセージが届いた。
確認したところ、写真が一枚だけ。
一瞥《いちべつ》し、これはダメだ、と思った。
あの男性の自撮り写真である。
男性は顔の左半分を絆創膏で覆い隠していたそうだ。
李さんはマッチングアプリをやめた。

金縛りの理由

皐月さんは就職のため、実家からワンルームのアパートに引っ越した。そこで一人暮らしを始めた彼女は、その日から奇妙な体験をするようになった。

右側を下にして横向きで寝ると、必ず金縛りにあうのだ。

「成長期や思春期によく金縛りになるって言うでしょ。私はそれまで金縛りなんて一度もあったことなかったから、成人してからもなるの？　ってびっくりしてしまって」

仰向け寝やうつ伏せ寝なら、問題はない。横向き寝であっても、左向きであれば金縛りにあうことはなかった。

「気をつけなきゃとは思ってても、ついつい癖で右側を横にして寝ちゃって」

不快ではあるが金縛りはすぐに解けるし、生活に差し支えはないので数日ほど放置していると、様相が変化してきた。

金縛りにあうたびに、体の動かない時間が長くなってきたような気がする。

そして、ギュッと瞑った目蓋《まぶた》の裏に、こちら向きで正座している見知らぬ老人の姿が浮かぶようになった。

「その、謎の老人……男の人なのか女の人なのかもわからない人が、日に日にくっきり見えてきていて」

なぜ、右向きで寝たときだけそんなものが見えるのか、不思議に思いながら、出かけようと玄関を出たところで、珍しく部屋の窓にとまる複数の蝿を見かける。

空気に完熟した柿が傷んだような、甘ったるい異臭が混じっている。

それに加えて隣のポストからはみ出し始めた新聞紙の束を見たとき、皐月さんの頭脳は一つの不穏な仮説を導き出した。彼女はすぐさま、アパートの管理会社に電話した。

「私の部屋の、右隣の住人が孤独死されていたんです」

隣人は死後一週間ほど経過しているとのことだった。一週間といえば、彼女がこのアパートに入居した日数とほぼ同じ。

「入居時の挨拶で右隣の部屋、何度か訪問したんですけど、いつも応答がなかったんです。そのときにはもう、亡くなってたんですね」

隣人はドアノブで首を括《くく》っていたため、遺体は座り込むような形で、壁一枚隔てたところで隣室の彼女の方を向いていたことになる。

遺体がブルーシートで運び出されてからは、金縛りはぷっつりと途絶えたという。

七日の間

玲子さんが嫁いで二年目、義母の利美さんが亡くなった。通夜の席で思い出を語り合っていた親戚縁者が、一斉に黙り込んだ。

申し合わせたように同じ方向を凝視している。玲子さんには何も見えないのだが、皆は視線を定めたまま話し始めた。

「あかんな」

「行きそうにないな」

「利美ぃ、あきらめて行けやぁ」

ざわつく席を離れた夫に連れられ、玲子さんは家の外に出た。すまないが実家に戻っていてくれと言う。

何かあったのかと訊ねたのだが、教えてくれない。古びた数珠を渡され、七日の間は片時も外さぬようにと命じられた。

実家に戻ってすぐ、玲子さんは数珠を外したことがある。炊事に邪魔だったからだ。

その瞬間、ぼそぼそと耳元で誰かが囁いた。言っていることは分からないが、確かに義母の声だったという。

鏡の手

通勤電車の乗り換え駅のトイレなんですけどね、と耀太さんは言う。よく利用するそのトイレに三つ並ぶ洗面台のうち、いちばん右の台で手を洗っていると正面の鏡にふと「手」が映ることがあるそうだ。

「自分の顔の斜め後ろあたりですね、そこにぱっと黒ずんだ手が現れて、爪ののびた指を少し動かしながら、後ろに引っ込むように消えてしまうんです」

利用するのはたいてい混雑する時間帯なので、最初は背後を通る人の手がたまたま鏡に映り込んだだけかと思っていた。だが何度か同じことがあり、そのつど「手」の見え方までそっくりなのでこれはそういうことではないのだと気づいたという。

「それ以上のことは何も起きないし、他の洗面台の鏡にはどうやら現れないんですよ。だからまあ意識していちばん右の鏡を見ないようにすればいいだけなんですけど」

なぜかトイレ利用時は毎回「手」のことを失念していて、うっかりいちばん右の洗面台の前に立ってしまう。十回中九回はそうなるらしい。

幻の達人

トモヒロさんが奥さんと鉄道旅行に出かけたときの話である。

目的地は山奥の小さな温泉で、最寄りの駅で降りたのはトモヒロさん夫婦だけだった。ふたりが改札に向かって歩きはじめると、ベンチに座っていた羽織袴《はおりはかま》姿の小柄なお爺さんが急に立ち上がり、トモヒロさんの右腕をつかむと、いきなり一本背負いで投げてきたという。

何が起こったのかわからない。驚きのあまり声も出ないまま、トモヒロさんはホームの床に背中から叩きつけられた。背負ってきたリュックのおかげで痛みはそれほどなかったが、それでも息が詰まった。

奥さんが「何してるの」と冷ややかな声をかけてくる。起き上がって周囲を見回したが、お爺さんの姿は煙のように消えていて、影も形もない。

トモヒロさんの奥さんは、日頃から霊感の強い人で、横断歩道で信号待ちをしていると、車に混じって猛スピードで走り去るお婆さんを見たこともあるし、スーパーで買い物をしていると首のない幼児が寄ってきて、家の近くまでついてきたこともあるという。

だが、そんな奥さんの目にもあのお爺さんの姿は見えず、単にトモヒロさんがホームでいきなりでんぐり返しをした、としか見えなかったそうだ。

ちなみに、トモヒロさんは高校時代は柔道部に所属しており、二段だが、後にも先にもあれほど綺麗に投げられたことはない、という。

老婆

早希さんは二十代の頃四年間住んだアパートで、毎晩のようにあらわれる老婆に首を絞められた。はじめは夢かと思ったが、朝鏡を見ると首にくっきり手の痕がある。怖くて引っ越しも考えたけれど資金がない。それに老婆はなぜか日に日に弱っていくようで、首を絞める力が少しずつ衰えていくのがわかり、やがて手の痕も残らなくなった。

慣れもあって、最後には老婆に首を絞められながらでも熟睡できたという。

人形の木

奥西さんは山歩きを趣味にしていた。

ある年の初夏、いつものように車を走らせ、ここぞという山を見つけた。

早速、道具一式を詰めたバッグを背負い、足を踏み入れる。

心地よいそよ風を受けながら、木漏れ日の道を進んでいく。

しばらく行くと、何かが腐敗しているような臭いが漂ってきた。

怖いもの見たさで先に進むと、臭いの原因が見えてきた。大きな木の枝に、人形が吊るしてある。多種多様な人形が首を吊られていた。

とりあえず近くの人形に手を伸ばしてみる。

その途端、人形がもぞもぞと動き、赤ん坊のような泣き声をあげ始めた。それを切っ掛けに、全ての人形が泣き出した。

奥西さんは、喉が枯れるほど叫びながら逃げたという。

山の形

二十代の女性、Ｌさんから伺った話。

「私の故郷、盆地なんで四方が山に囲まれていて、どこを向いても山が見えるんです」

そんな環境で育った彼女は、ある頃まで、山の形は日々変わるものだと思っていたそうだ。

「実際、毎日山の形が変わっていたので、小学生のうちはそれが当たり前だったんです。空の雲が形を変えるように山も形が変わるんだなぁと、すごく自然に思い込んでいて」

その思い込みが周囲にバレたのは、中学にあがって直後。

「何の気無しに『山の形は毎日変わるけど、道路工事とかってどうしてるんだろう』って言っちゃったんですね。そしたら同級生達から『そんなわけないじゃん』と」

以降、注意深く山を眺めるようになったLさんは、それからしばらくの間、写真で記録をとるなど頑張った後、最終的に「山の形は変わらない」と結論した。

「今となってみればそれはそうなんですけど、私の記憶では確かに変わっていたんですよね。なので個人的には『皆に指摘されたせいで、あの日から変わらなくなったのかな』と考えています。内緒でそう思ってるだけならいいですよね？」

暗がりから

イニシャルでもわかるため、場所は原宿にある超有名美容室としておく。そのサロンで働くアシスタントの男女二人からうかがった。

アシスタントとはスタイリストのサポートをする下積み期間のスタッフで、早く一人前のスタイリストになれるようにと業務時間外も店に残って練習をする。

二人は自転車通勤なので終電を気にせず、いつも遅い時間までカットやカラーの練習をしていた。その日も遅くまで集中していたら、気がつくと午前一時。そろそろ帰ろうかと後片付けをして、戸締まりのチェックをする。

最後に照明を消し、店を出ようという時だった。

「もうかえるの?」

店の奥の暗がりから、小さい男の子の声が聞こえてきた。

二人は転がるように店から逃げ出したという。

この美容室の入っている物件は前も美容室で、その前には託児所が入っていた。

形見分け

俊春さんの義母は、着物で出かける際、いつもきまった帯留めと帯締めを着用していた。

和装の様々なルールを無視してでも、必ずそのセットを着けることに拘《こだわ》っていた。

義母はその理由を、俊春さんの実母が遺した形見だからなのだと説明する。

「私が死んだら、この帯留めと帯締めを、あの人に形見分けしてあげてください」

母がそう遺言してくれたのだ……と義母は主張していた。本当かどうか知らないが。

とはいえ、ある程度は事実だったのだろう。そうした遺言でもなければ、再婚相手に先妻の遺品を使わせるなど、父が許すはずない。外出前、いそいそと帯の上に例の形見を結びつける義母を、父がひどく嫌がっていたのは確かだったのだから。

そして帰宅した義母が着物を脱ぐと、必ず腹に四本のミミズ腫れができていた。

長い爪でひっかいたような、細長い傷だった。

それでも義母はずっとその帯留め帯締めを着け続けたし、帰宅後はいつも俊春さんに腹の傷を見せびらかし続けた。真っ白い肌に、赤々と浮かぶ四本の線を。

それから三十年以上経った。義母は健在だが父は他界し、俊春さんも壮年に近くなった。

しかし彼は今もまだ独身で、恋仲となった女性全員に、和装をするよう懇願してしまう。

邪魔者

静香さんはわりと頻繁に金縛りにあうほうだが、その時は決まって妙なものを見る。

白塗りの化粧をした老女の顔だけが、部屋の中を飛びまわっているのだ。

その顔はゲラゲラと耳障《みみざわ》りな声でひとしきり笑うと、今度は真っ赤な舌を垂らして、すこしずつ、布団のほうに降りてくる。

そうしてベロベロと音を立てて、顔を舐めるのである。

静香さんではなく、同衾《どうきん》者の顔を。

ベロベロ。ベロベロ。ベロベロと。

舐める。舐める。舐める。舐める。

同衾者が目覚めることはない。

顔中を老婆の唾液でどろどろにしながら、すやすやと心地よさげな寝息を立てる男性を横目で見やると、静香さんの気持ちはスーッと冷めていく。

「だからどの彼氏とも長続きしないいんですよ。あの顔、いったいなにが目的なんだか」

婚活中の静香さんにとって、目下、最大の悩みだという。

腕神社

若気の至りで、二の腕に鳥居の刺青を彫った知人がいる。

「妙なモノを見たりしないか」と期待に胸を躍らせ訊ねたが、彼は「見ないねえ」と笑ってから「ただ……」と言葉を続けた。

「夜中に寝ていると耳元でいきなり柏手が聞こえるもんで、安眠できないのが困るよ」

禁酒の理由

すみません、酒はやめたんです。

いいえ、身体はどこも悪くないんですけどね。

ここ最近、三回連続で酔って記憶をなくして、三回とも知らない墓地で眠っていたものですから。

三回とも違う場所で、縁もゆかりもない人の墓だったんですが、墓石に刻まれていたのはどれも同じ名字だったんですよね。


こう言って、タケヒロさんは私の勧めるビールを断ったのである。

彼が教えてくれた、墓石に刻まれた名字はかなり珍しいものだったので、実在する人に迷惑がかからないよう、私の判断で伏せることにした。漢字四文字、とだけ書いておく。

赤い雨

雨の日に限り、自宅マンションのベランダに面した窓が変なのだと大野さんは言う。

「赤い水滴が窓の上からボタボタ落ちてきて、最初は血の雨が降ってるのかと思った」

大野さんは驚いてベランダのある窓に駆け寄り、雨粒を確認した。ガラスに顔がつきそうなほど近寄って眺めると、それはただの透明な水滴だった。

見間違えたのだろうと窓から離れ、何歩か歩いて振り返ると、雨は赤く見えた。

「離れて見ると雨は赤いのに、近づくと透明に見えるの。その繰り返し」

マンションのベランダに面しているのは緑の多い公園で、遊具の色はイエローやブルー系のみ。窓の向こうには、雨に反射する赤い物体など見当たらなかった。

赤く見える雨は奇妙だが実害はないため、できるだけ気にしないようにしていると大野さんは言う。

「雨の降りそうな日は、前もってベランダのとこのカーテンを閉めきりにして、赤い雨が見えないようにしてるの」

今のところ、大野さんはその部屋の因縁を調べようとか、お祓いをしようとかは考えていない。

「ここは事故物件じゃないと思う。確か、告知義務があるんでしょ。私、契約のとき何も言われてないから大丈夫だよ」

そのように受け流す大野さんだったが、一つ気になることがある。

令和三年十月に策定された、不動産業における新しいルール『人の死の告知に対するガイドライン』だ。

ガイドラインによれば、賃貸物件で人死にがあったとしても、『事案発生から概ね《おおむ》3年が経過した後は、原則として告げなくてもよい』のだという。

大野さんがマンションの賃貸契約を結んだのは、令和四年。

つまり、彼女が借りた部屋で過去に何か事件や事故があったとしても、その事案が三年以上前に起きたのであれば、告知義務は生じないのである。

告知義務はなくとも、ガイドラインによれば『借主から事案の有無について問われた場合』は、正直に告げなくてはならないようだ。

それゆえ、大野さんから直接、物件の管理会社に問い合わせてもらえば、赤い雨の理由がわかりそうなのだが、「赤い雨のこと以外は不満ないよ。この部屋、気に入ってるの」と微笑む彼女に、そんな無粋な提案は出来なかった。

薄情

半月ほど前のこと。
常松さんは仲間二人と共にドライブを楽しんでいた。
行き先を決めず、適当に走るうち、いつの間にか山道に入っていた。
しばらく進むと、古びた小屋があった。出入り口の戸は開いたままだ。
小屋の前は、ちょっとした空き地になっており、休憩するには持ってこいだ。
仲間の一人が小屋に入っていった。
しばらく待ったが出てこない。様子を見に行ったもう一人も戻ってこない。
痺れを切らした常松さんが中を見ると、二人は直立不動で壁を見つめていた。
「なにやってんだ、お前ら」
声をかけたところまでは覚えている。
次に気づいた時、常松さんは車を走らせていた。
仲間二人も後部座席にいる。

その日以来、常松さんは仲間二人に関する記憶を失い始めた。

少しずつ、徐々に消えていく。共に遊んだことや、場所、住所、生い立ち、名前すら思い出せなくなっていく。

それ以外の記憶に異常はなく、普段通りの生活ができている。

過去を含め、仲間二人の存在だけが無くなっていく。

「あと一週間ぐらいで全て消えると思うんですが、特に何とも思えないんですよ」

その後のことを常松さんに訊いてみたが、そんな話をした覚えがない、と怪訝な顔をされた。

緊急ボタン

エリカさんはラブホテルでパートの仕事をしている。仕事の内容は部屋の清掃とベッドメイキング、ルームサービスの簡単な調理と食器洗いなど、難しいことはないが、とにかく時間との勝負だという。お客がチェックアウトしたらすぐに次のお客が入れるように、徹底的に掃除をして、前のお客の痕跡を完全に消さないと、次のお客は不快な思いをするからだ。

その職場では最近、部屋のベッドサイドにフロント直通の緊急通報ボタンを設置した。これは東京で起きた風俗嬢殺害事件を受けてのもので、緊急時に、わざわざ電話をかけなくてもボタンを押すだけでフロントへ異状を知らせることができるのだという。

「いまのところ、事件性のあるような通報はまだないですね。この仕事にも守秘義務があるので詳しいことは言えませんが、痴話喧嘩の域を出ないものがほとんどです。一度だけ、お客様の体調が悪くなって、救急車を呼んだことはありますけど」

そんな緊急ボタンだが、夜勤のときはこんなことがあるそうだ。

「誰もいないはずの部屋で、なぜかボタンが押されるんです。行ってみると、やっぱり誰もいなくて。とっても不気味なんですよ、誰もいない、ドアの開閉された気配もない部屋から緊急コールが鳴るのって。こういうの、病院の怖い話とかでよく聞くやつじゃないですか。でもうちのホテルで人が死んだことなんかないし、今まで何年も勤めてきて、怖い話なんか一度もなかったんです。それなのに、あのボタンを設置してから、二ヶ月に一回ぐらいはこういうことがあるんですよ。どうしてなんでしょう」

私は返答に困り、「押しやすいんじゃないですかね」とだけ答えておいた。

桜

広い墓地の片隅に山桜の樹がある。春になって、その日つや子さんは飼い犬を連れて墓地を散歩した。桜のそばに来ると急に周囲がさっと暗くなる。夜のような暗さで、満開の桜だけが明るい。日が翳《かげ》ったのかなと思って空を見上げると、星が出ている。いちめんに銀の砂を撒いたようなみごとな空だ。しかも流れ星が次々と流れ、まるで世界の終わりかというような美しい光景に目を疑う。

呆然と見とれていると、手の甲をぺろりと舐められる。はっとして、身を添わせてくる愛犬の頭を撫でてやりながらあらためて周囲を見れば、何の変哲もない昼下がりの墓地。桜が散りかかり、空にはうっすら雲のかかった太陽が輝いている。

そんな不思議なことが、かつて一度だけあったそうだ。

祠

佐都美さんは昔家庭教師のアルバイトをしていた。

とある生徒の家で、部屋の窓から見える古い祠《ほこら》が気になってしかたないので、

「あの祠って、どうして扉からマネキンの足みたいなのが飛び出てるの？」

そう生徒に訊ねたところ、

「先生にも見えるんですか？　ぼくだけかと思ってました！」

ひどく驚いた顔でそう答えたという。

自宅の風呂にて

五十代の男性、Ｆ氏が自宅で風呂に入っていた時のこと。

湯船につかっていた彼は、いつも通り何の気なしに追い炊きのボタンを押した。

「そしたらさぁ『追い炊きを始めます』って、音声が流れたわけ」

別に不思議なことではない、そういう製品は今や全く珍しくないだろう。

「いや、うちの風呂は喋らなかったんだって、絶対。前の日まではピピピって、電子音が鳴るだけだったんだから。それが急に喋ったもんで、驚いちゃって」

リモコンパネルはこれまでと同じもの、すると内部設定の変更があったのだろうか？

「もともと喋る機能があって、今までそれを使ってなかっただけとかね。で、家族の誰かが勝手にいじって、電子音から音声に変えたのかなとか」


風呂上がり、Ｆ氏はリビングで家族にその旨を問うた。

「そしたらさぁ、嫁も息子も娘も、全員が全員『もともと音声だったよ』って言うんだ。そんなわけないんだよ、俺、あの電子音割と好きだったし、ちゃんと覚えてんだから」

取り扱い説明書を確認したＦ氏だったが、そもそも音声と特定のチャイム以外の音は鳴らない製品であることがわかった。

「せめて家族も『電子音だった』って言ってくれれば良かったんだけど、そうじゃなかったってのがキツイよな。つまり問題は機械の方ではなくて、俺自身にあるってことになるわけだからさ」

年齢的に何がしかの病気ということだって考慮に入れなければならない。

「脳とかね、それこそ若年性の認知症とか、俺だって疑ったよ。あんまりしつこく確認してしまったせいで、家族も本気で心配しちゃって、仕事休んで脳ドックにも行ったんだ」

結果は全く問題なし、病的な所見は発見されなかったとのこと。

「だったら原因は何なんだって話、むしろ軽い脳梗塞《のうこうそく》があるとか言われた方がまだ納得もできたよな、つまんないことだけど本当に気味悪いよ、俺の聴いてた電子音はどこいったのよ？」

あんよはじょうず

赤ん坊が立って歩こうとする際、「あんよはじょうず」と繰り返し囃《はや》したてる言葉があるが、それがたまに女性の声で午前十時ごろに外から聞こえてくる。

サヤさんははじめ、近所に生まれたばかりの赤ちゃんがいるのだと思ったが、おかしいと感じたのはそれが三年以上も聞こえていると気づいた時であった。

二人目が生まれたのかとも考えたが、そういえば泣き声などは一度も聞いたことがない。

ある日、その声が余所《よそ》の家からではなく、自宅敷地内に設置された物置から聞こえているのだとわかる。

それは人の声ではなく、物置が細かく振動している音で、家の中で聞くとなぜかそれが「あんよはじょうず」に聞こえるのである。

問題はなにが震えているかである。

数年前の大掃除で中を見た時は工具箱や灯油缶くらいしか入っていなかったので振動するような物はないはずだが、その後に親が何かをしまったのかもしれない。

その親ももう亡くなっているので、自分が確認するしかない。

怖いので開けたくないという気持ちと、早く正体を知ってしまいたい気持ちがせめぎ合い、後者が勝って、おそるおそる開けてみる。

物置の中に五十センチほどの背丈の人の形をしたものがあり、ギョッとする。

それは、ねじって棒状にした新聞紙で、テープやホチキスなど使わず、ねじっただけで人の形にしたものであった。

当然、心当たりはないし、親が作って入れたにしても不気味過ぎる。使われた新聞を広げて日付を見ると、親が亡くなる半年ほど前なので、入れたのはやはり親なのだろうが、どんな意図があったのかは不明。

それを処分したら、「あんよはじょうず」に聞こえる音はしなくなった。

生き別れ

中学生のある日、愛犬ラッキーの犬小屋を掃除していました。水がかからないよう、ラッキーは首輪の紐をはずして庭の隅に待機させていたのですが。

突然、伏せていたラッキーがすっくと立ち上がると、一目散に庭から逃走してしまったのです。僕は必死になって、家の前の一本道を追いかけました。しかしラッキーはすごい勢いで大通りへと飛び出していきます。またそこに猛スピードを出した大型ダンプカーが迫ってきて。

はねられる!

とっさに感じた予想は、悪い意味で外れました。ラッキーはバンパーにひっかかりもせず下にもぐりこみ、彼の体のちょうど真ん中を、巨大なタイヤが通過していったのです。硬い水風船がはじけるような、おかしな破裂音が聞こえたのを覚えています。ダンプがブレーキすら踏まず、無視して走り去っていったことも。

僕は愛犬の死を覚悟して、現場に駆け寄りました。

ところが、そこにはなにもありません。変わり果てたラッキーの姿はもちろん、血痕のひとつすら道路上に見当たらない。まったく状況が理解できませんでした。確かに轢かれた光景を目の当たりにしたのに。思ったよりも怪我が浅く、どこかへ逃げ延びたのか？

無理やりそう信じこみました。しかしそれから何日経とうと、いっこうにラッキーが帰ってくる様子はありませんでした。

そして一週間後。近所のおじさんが菓子折りを持って我が家に訪ねてきました。玄関前で深々と頭を下げ、こう謝ってきたのです。

「うちのドーベルマンが散歩中、お宅の犬に襲いかかり殺してしまいました」

おじさんに案内された先は例の一本道。路上には確かにラッキーの死骸が二つ、転がっていました。二つというのは、お腹の前と後ろでぶっつり切断されていたからです。

……先ほど、おじさんは道に佇むラッキーと出くわした。その途端、きちんと調教しているはずのドーベルマンが狂ったように突進し、その腹に咬みついた。ラッキーは黙ってなされるままだったが、慌てて両犬を引きはがすと、もう彼の体は真っ二つに分かれていた。まさかこんな無残なことになってしまうとは……。

おじさんは必死に謝り続けてきます。

――ラッキーは、もうとっくに真っ二つになっていたはずだから、大丈夫ですよ。

僕はそう答えようとしました。でも、それをどうやって上手く言葉にすればいいかわからず、ずっと黙りこくったまま、二つになった愛犬を見つめることしかできませんでした。

殺す気か

A氏が小学二年の夏休みに、父の生家を訪れたときの話だという。

大人たちが寄り合いに出かけるので、しぶしぶ留守居を任された。遊びにも行けず退屈していると、おなじく留守番役の従兄《いとこ》が、

「おもろいもん見せたろか」

そう言うなり台所の冷蔵庫から卵をひとつ持ちだすや仏間へ駆けていった。わけがわからぬまま背中を追うと、従兄は仏壇の前に座っており、香炉に卵を挿している。

それ、なんなの——訊ねようとした直後、家が軋みはじめた。地震のそれではない。何者かが暴れているかのごとく、柱や襖《ふすま》や天井や便所の戸が順繰りに音を立てている。

従兄が卵を掌《てのひら》に戻すなり、家鳴りはぴたりとおさまった。

「……これ、なんなの」

今度はしっかり声に出して問うと、従兄は笑いながら答えた。

「死んだ祖父《じい》ちゃんな、卵アレルギーやってん。何度か間違って卵入りのもん食べて、そのたび死にそうになっとったわ」

紙袋

歩道を歩いていると、前方にデパートの紙袋が落ちている。

持ち手を下にして逆さになった紙袋は、風もないのに一メートルほども小刻みに揺れながら移動した。

紙袋と歩道との隙間から、小さな足が見え隠れしている。

幼い子供の裸足の足だ。

幼児が、頭から紙袋を被《かぶ》って遊んでいる？

またも、紙袋がズルズルと近づいてくる。

「キャキャキャキャ！」

幼児特有の甲高《かんだか》い笑い声が、紙袋から発せられた。

やはり、子供がふざけて紙袋の中にいるのだ。

周囲に親の姿はない。車道に出たら危ないので、紙袋に駆け寄ってつかみ上げる。

抵抗なく持ち上がった紙袋の中には、子供どころか、何の荷物も入ってはいない。

「キャキャキャキャキャキャキャキャ！」

いかにも楽しそうな笑い声だけが、紙袋からほとばしり出て遠ざかっていった。

確認

朱奈さんが自室で試験の勉強をしていると、部屋の中にもそと動く物があった。

参考書から目を上げて出窓のガラスに映った部屋の様子を確認すると、彼女の背後の壁を手が這っていた。

壁の中央に張り付いているのは、先端に爪の生えた五本指の手。

見ない方がいいと直感したが、朱奈さんは手の主を確認しようと目で追ってしまった。

指から手の甲、手首、前腕、肘、二の腕と順に視線を滑らせると、肩のあるはずのところにまた肘《ひじ》、二の腕、肘、二の腕と、その手は肘に似た関節でカクカクと曲がりくねりながら、半開きになった自室のドアの向こうにまで数メートルも伸びていた。

思わず朱奈さんが悲鳴を上げると、長い手は素早い動きで廊下へ逃げていった。

悲鳴を聞きつけて起きてきた両親に長い手のことを説明したが、朱奈さんが夢でも見たのだろうと取り合ってはもらえなかった。

「でも、私見ちゃったんです。あの、手の化け物、両親の寝室から伸びてきていたの」

あんな物が出ては勉強どころではないので、取り敢えずの対策として彼女は両親に自室のドアに鍵を付けるように要求しているところだ。

盆栽

佐田さんは盆栽が趣味である。ミニ盆栽から始めて徐々に数を増やし、今では五十センチ級の盆栽が並ぶ。

最近、盆栽仲間から赤松の枝を貰った。山で採取したらしく、勢いも形も良い。丁寧に植え付けしたおかげで、自慢の一品になった。

時折、赤松の横に首が伸びた女が立つ。おそらく、その女が首を吊った枝なのだろう。気味が悪いのは確かだが、そのぐらいのことで捨ててしまうのは勿体ない。

それもまた一興と楽しんでいるそうだ。

時間厳守

マグネット式のキッチンタイマーを冷蔵庫に貼って使っていた。

タイマーを七分にセットしてスパゲティを茹でていたが、隣のコンロにかけていたフライパンで、トマトソースがいい感じに煮詰まってきたので、一分ほど早いが鍋にトングを突っ込んでスパゲティを引き上げようとした。

喋り始めたばかりの赤ん坊のような声で「まだだよ」と、耳元でささやかれた。

次の瞬間、マグネットで貼り付けていたキッチンタイマーが、剥《は》がれて床に落ちた。

寝台車

真奈巳さんは小学生の頃、両親と九州の祖父母の家に行くのに一度だけ寝台車を利用したことがある。

夜中に目が覚めるとカーテンの隙間から目つきの悪い女が覗き込んでいたので、トイレから帰ってきて席を間違えた客かと思ったが、女はじっと真奈巳さんを見据えたままその場を動こうとしない。

怖くて声も出せずにいると女は顎《あご》が外れたのかと思うほど大きく口を開けて、

「ぐるうぅぅぁぁぁぁぁぁぁああ」

と異様な声を出すと、身を乗り出して真奈巳さんのベッドに上がり込もうとした。

彼女の悲鳴を聞いて目を覚ました両親がカーテンを開け、ベッドで体をこわばらせて震える真奈巳さんと、その腹の辺りに斜めに身を預けている黒い猫のようなものを見た。

黒い影はすぐに消えてしまったが、ベッドには猫の尿を思わせる刺激臭がたちこめて、下車するまで消えなかったそうだ。

紋

前座にもなっていない〈追い回し〉の頃、寺本は相変わらず楽屋で師匠の小言に追いまくられ、兄弟子達に叱られ叩かれヘロヘロになっていた。そんなある日、都内の寄席でいつものように御世話に抜かりがないかと走り回っていると通路で『よ。がんばるな』と師匠から声を掛けられた。初めて見た師匠だったが、挨拶し忘れたと思い。慌てて頭を下げると小さな上包みをくれた。兄弟子に伝えると『そんな形《なり》の師匠は今日は居ないはずだ』と云う。でも、と貰った上包みを開けると中身はなく、下手な手書きの〈紋〉があった。つまらねえ悪戯だと云われたが、端で聞いていた別の師匠がちょっと見せろと云い、ひと目見て顔色が変わった。すぐに席亭もやってきて大変だと大騒ぎになった。寺本は訳も判らずにいたが、その夜、トリのひとつ前、所謂、膝前の師匠が話の途中でグッと喉を鳴らして昏倒した。直ぐに救急車で搬送され、脳溢血だったが、対処が早かったのが幸いし、命に別状はなかった。

『あの師匠が現れると舞台で何かが起きる。誰かが亡くなるっていう噂だったんです』

ちなみに現れたその師匠の持ちネタは『死神』ではない。

髑髏

竜司さんが以前経営していたバーにはレプリカの髑髏《どくろ》が飾られていた。

台風で客が誰も来ない晩、店でぼんやりしていたら髑髏がカタッと音を立てた。見るといつもは閉じている口が大開きになっている。がらんどうの両目にはロウソクの火のようなものがちらちら燃えているのが見えた。

もちろんそんな仕掛けなどない、ただの髑髏だ。驚いて触れようとしたとき店のドアが開き、常連客の初老の男性が入ってくる。

竜司さんは「いらっしゃい」と客に声をかけたのち、「ねえちょっと見てくださいよ、あの髑髏がね……」そう言いながら棚のほうを振り返ると、髑髏の口はいつもどおりにぴったり閉じている。ロウソクの火のような光も見あたらなかった。

唖然としつつ客に今しがた見たものを説明しようとしたら、今度はたった今入ってきたばかりの男性客の姿が店内から消えていた。

「考えたらその人、台風なのに傘も持たずに来たんだよね。でもちっとも濡れてなくてさ。それきり店にも全然顔見せなくなっちゃったし、噂では亡くなったというような話も聞いて、もしかしたらあのときすでに幽霊だったのかもねって」

四十二

高校時代からの友人で、自分とは性格も好みも何もかもがまったく違うのに、なぜか一緒にいて居心地のいい清田という人物がいる。彼はよく横須賀さんの家にふらりと遊びに来てそのまま泊っていき、翌朝にはもう帰っている。彼とは年に一度か二度、高三の頃に自殺したクラスメートの女子の話になる。その女子はクラスでも目立たない子で、かといって特別おとなしい子というわけでもなく、横須賀さんも清田も二、三度、言葉くらいは交わしている。よほど地味で普通の子だったのか、ほとんど印象には残っておらず、顔は浮かんでいるのだが名前までは覚えていない。

いじめがあったような話は聞いていないし、なぜ自殺したのかはわからない。どこでどういうふうに死んだのかも知らない。「そんなことってあるか？」と二人でなる。高校生がそういうことへの関心、好奇心を無視なんてできるものなのか、と。

先生が話さなかっただけなのかもしれないが、それでも自殺の理由や死んだ場所、最低でも死に方あたりは頑張ってなんとか知ろうとするのではないだろうか。

三年の時に同じクラスだった他の者に聞いても二人とほぼ同じで、顔は浮かぶのだが名前が出てこず、死んだ理由も知らなかった。

この話題になっても謎は謎のまま、いつも、もやもやして終わる。卒業アルバムを作る前に彼女は死んでしまったので顔写真もなく、卒業文集のようなものもないので手掛かりがまったくない。思い出の中にかろうじて存在するだけの、そんな幻みたいな女子の話をしていたある日、二人は同時にそのことに気づく。

三年に上がった頃、クラスメートの数は四十一人であったが、卒業アルバムにいるのは三十九人だった。二人が中退しているのもあるが、それでは人数が合わない。一人が自殺しているのだから、卒業生は三十八人でなくてはならないのだ。横須賀さんは出席番号が最後の四十一番だったので、この数は間違っていないという。

自殺した女子は記憶からだけでなく、その数字の中にも存在していなかったのだ。

茶色いカローラ

一九八〇年代のある年、千葉県柏市の某中学校では、奇妙な噂が流れていた。

当時の生徒だった英二さんによれば、不審な車がよく目撃されるという噂であった。

誰のものか知らないボロボロに汚れた茶色いカローラが、いつのまにか職員用駐車場に停められている。同じ車を見かけたという生徒の証言が何度もあがり、皆が不気味がっていた。教師たちが緘口令《かんこうれい》を敷くほどの騒ぎになってしまったのだが、これには背景があった。

その前年、同校の理科教員Aが自殺していたのである。

彼がなぜ死を選んだのか、どのような方法で死んだのかはわからない。とはいえ英二さんら生徒は、Aの訃報直後から、次のような噂を口々に囁いていた。

①Aは失恋から、理科室にあった硫酸を飲んで死んだ。

②Aは失恋から、愛車の中でガソリンをかぶり焼身自殺した。

なぜか死因が二種類あるものの、①②ともに共通して次のようなオチがつく。

③Aは劇物または炎の苦しみから悲痛な叫び声をあげた。その断末魔は町内全体に響きわたり、町中の人々が震え上がったという。

「今になって考えれば、根も葉もない無責任な作り話だったはずです」

しかしAの死から一ヶ月後、同校にて茶色いカローラが目撃されるようになる。それはAの愛車で、運転席をよく見れば死んだはずのAが乗っているのだ、という情報とともに。

「それも噂がエスカレートしただけだろう、と自分は信じていなかったのですが……」

そんな英二さんも一度だけ、茶色いカローラを目の当たりにしてしまった。

放課後、一人で校舎裏に足を運ぶと、数名の生徒が教員駐車場を指さし騒いでいた。そちらに顔を向ければ、見かけない車が一台停まっている。おそらくカローラだったかと思う。セダン型の白っぽい車だったのは確かだ。ただ、その白色の塗装は汚らしく剥げおちていた。薬品によって変色したとも焼け焦げたともとれる、黒に近い茶色だった。窓ガラスもやけに曇っていて、遠目には人が乗っているかどうかすらわからなかった。

しかしドライバーはいたのだろう。その車は前触れもなく動き出し、駐車場内でぐるぐる円を描くような奇妙な運転を始めたからだ。

そんな車の動きに合わせて「ギリギリギイイイ」という音が鳴り響いた。エンジン音かブレーキ音かは不明だが、まるで人間が絶叫しているような耳障《みみざわ》りな音だった。

英二さんたちが呆気《あっけ》にとられているうち、茶色いカローラは断末魔のごとき音をたてつつ、猛スピードで校外へと飛び出していった。

おもいだす

テレビで戦争のニュースを流すようになった日から、戦死した祖父の位牌が頻繁に倒れている。

にゃーにゃ

二歳半になる息子が愛車の前輪をしきりに気にするので、笹原さんは話しかけてみた。

「まーくん、どうかしたの？」

「あ、パパ。ここね、にゃーにゃっ！」

「にゃーにゃ？　何なの、それ」

「ねこさんが、ここで〈にゃーにゃ〉って鳴いてるの。白いねこさんよ」

息子は前輪のタイヤホイールの隙間を指さして、にっこりと笑った。

父親の笹原さんには、そんな猫の姿も見えなければ鳴き声も聞こえない。

だが、一昨日《おととい》のこと、彼は会社からの帰りに飛び出してきた猫を轢《ひ》いていた。

夜目にも鮮やかな白猫は、轢き潰された下半身を道路に貼り付かせ、ばたばたと悶えていた。この重傷では助かるまいと思い、彼はそのまま路上に猫を放置してきたのだ。

息子が指さしているのは、まさに猫を轢いたその前輪。

問題は、妻にさえ話していないそのことを、どうして息子が知っているのかということだった。

神仏は大切に

ハルコさんが勤めていた税理士事務所は、雑居ビルの一室にあった。

ある朝、いつもより少し早く事務所に出勤したハルコさんは、天気がよかったので、ビルの屋上へ上ってみることにした。

特になにもなく、給水タンクと、片隅に小さな古いお社《やしろ》があるだけだったが、風通しがよく、とても快適だったという。

木でできたお社は古く、誰も手入れしていないようでかなり汚れていた。

何が祀《まつ》られているのか、神仏に詳しくないハルコさんにはわからなかった。狐やお地蔵様など、わかりやすいものではなかったそうだ。

誰にも構ってもらえないのがかわいそうに思えたハルコさんは、お社を軽く掃除してあげることにした。

扉は開けず、屋根に積もっていたほこりを落とし、びっしりとまとわりついた蜘蛛の巣を落としただけで、お社は見違えるように綺麗になったという。

とくに信心深いほうではないというハルコさんだが、その日は善行を積んだようで気分がよかったそうだ。

その次の日、税理士の先生は事務所へ出勤してすぐに泡を吹いて倒れた。
救急車で運ばれたが、くも膜下出血のため長く入院することになり、事務所は閉鎖され
ハルコさんも失業してしまったという。

夢の続き

森川さんは高校の頃、得体の知れない夢を見た。

見知らぬ男に誘われ、古びた家に入っていく。長い廊下を進んでいく途中で目が覚める。

教室で話したところ、聞いていた五人が同じ夢を見た。途中で目覚めるところまで同じだ。

面白がった友人が、話を拡散した。やはり全員が同じ夢を見る。そんな中、椎名という女の子が呟いた。

「あたし、その廊下の突き当たりまで行けた。部屋があって、家族だと思うけど四人いた。父親と母親が子供の首絞めて、自分達も首吊った」

椎名はそう言い残して、教室を出ていった。その足で近くの神社に行き、首を吊った。

その後、皆は夢の話をしなくなった。いつの間にか、そんな夢を見たことすら忘れていた。

森川さんが思い出したのは、先日、久しぶりにその夢を見たからである。

いつもの目覚める箇所を過ぎ、廊下の奥へと進んでいく。愛犬が吠えなければ、突き当たりの部屋まで行ってしまったかもしれないという。

赤身

口の中が急に血の味になったので何事かと洗面所で吐きだすと、マグロの赤身に似た五センチほどの破片がシンクにくちゃっと貼りついた。そんなものを口に入れた覚えがないからぎょっとして、おそるおそる指で触れようとしたら破片は尺取虫のような動きでくねくねと移動すると、そのまま排水口に逃げ込んでしまった。

それから二週間ほどのあいだ、美幸さんは舌がもつれて自分の名前がうまく言えなかったそうだ。

点滅

K君は高校生の頃、新聞配達のアルバイトをしていた。

その日も朝もやのなか自転車をこいでいた彼は、目の端に妙なものを捉え足を止めた。

「工事現場なんですけど、そこに停めてあったショベルカーが点滅してたんです。いえ、ライトとかじゃなく、ショベルカーの車体そのものが一瞬消えて、また出てきてをくりかえしていました」

空間そのものからショベルカーがまるごと一瞬消え、すぐにまた出てくる、文字通り点滅しているようだったと彼は言う。

「誰に話しても正気を疑われるような内容ですから、ずっと黙ってたんです。いや、結構すごいもの見たと思ってはいたんですけどね。でも、実際こうやって話してみると、うん、あんまり大したことないというか、だからなんだって話ですよねこれ。別にそれ以上何かあったわけじゃないし、見たのも僕だけだし、いやほんと、なんかスミマセン」

それからも暫《しばら》く同じ場所を通りかかったが、点滅があったのはその日だけだったという。

糸

　バスルームで体を洗っていると、斎藤さんの二の腕に細い糸のようなものが絡んで、腕を後ろから引っ張られているような感覚があった。垢すりタオルの糸がほつれて、それがどこかにひっかかっているのかと泡の中に指を入れて探したが、糸らしいものは見つからない。ナイロンの繊維は視認しづらく、強度があるので無闇に引っ張ると糸が千切れる前に皮膚のほうが裂けてしまう。慎重に腕を動かしつつ糸の感覚を探していたが、引っぱった拍子にブツッと切れてしまった。次の瞬間、バスルームの外からドグワラッシャングワッシャンとものすごい音がしたので慌てて飛び出したが、奇妙なことに家の中で何かが倒れたり崩れたりしているところはなかった。

　まさか家に霊でもいるのか。なんの脈絡もなくそんな考えが浮かんできた。すると急に寒気をおぼえ、これはどうもおかしいと警戒していたら、その晩に熱が出た。

　命の危険を感じるほどの高熱だった。独り暮らしなので、いつでも救急に連絡できるようにとスマホを握りしめながら寝ていると、また二の腕に糸が絡んでいるような感覚がある。入浴時に絡んでいた糸だろうか。気味が悪いのでひと思いにグッと強く引っ張ると、ズイッと、ビックリ人間みたいに眼球の飛び出た男の顔が上からのぞき込んできた。

貞操帯

いやあ、まただよ、まいったね。

トイレから帰ってきた部長がぼやいた。

今さっき、オシッコをしようとつまんだイチモツに、ひどく長い髪の毛が一本、くるくる巻きついていたのだという。

部長は短髪だし、二時間前の小用ではこうなっていなかったのだから、いつのまに巻きついたかは全くもって不明。

ま、ちょくちょくあることだから、そんなに気にしてないけどね。

ただしこうなった以上、現在交際中の不倫相手については、もう関係を精算しなければならないのだという。なるべく早めに。たとえ相手がゴネようといっさい聞く耳を持たず。

それは絶対そうしなきゃいけないから、けっこう面倒くさいんだよなあ。

新人

人材派遣会社から若い女性がやってきた。

データ入力の仕事でとても有能だった。仕事は一生懸命で手抜きをしない。唯一の難点と云えば職場の同僚になじめない感じがある所だった。

ある時、ふと彼女を見て仰天した。肌色の蟹《かに》のようなものが胸元で動いていた――手だった。いや、正確には掌《てのひら》。それが彼女の胸や肩口の辺りをうろうろしている。

そんな莫迦なと思った時には消えていた。が、その後も仕事が一段落したり、何気なく視線をやる時、『肌色の蟹』が彼女を這い回っていた。

何か云うべきだろうが、彼女の様子に異常はない。

『君の胸を掌が張っているけど、どうしたの?』とは時節柄、訊くことも難しい。

そうこうしているうちに彼女は突然、仕事に穴を開けるようにして辞めてしまった。

彼女と同年代の女子社員から『男で酷く苦労していたらしい』という噂を聞いた。

男が生きているのか死んでいるのかまでは訊けなかった。

彼女の代わりにやってきたのは四十絡みのずんぐりした仕事のできない女だった。

火事のホテル

派遣型風俗店に勤めているスミレさんが仕事で都内某所のラブホテルに入ったところ、プラスチックを焦がしたようなにおいが鼻をついた。

そういえば、ここって例のホテルじゃん……。

数か月前、そのホテルで火事が起きていた。原因は客の寝たばこで、火元になった部屋で休憩していたカップルのうち一人が死亡している。

いやな場所に呼ばれちゃったな。

暗澹《あんたん》とした気分のスミレさんが客の待つ部屋の前に立った瞬間、ものすごい勢いでドアが開いて半裸の男が転がり出てきた。

「お、お、おんな……風呂場に……お、女が……」

「えッ？」

室内に目をやったスミレさんは、咄嗟《とっさ》のこととはいえ自身の行為を激しく後悔した。

浴室とおぼしきドアの隙間から血まみれの女の首がだらりと伸び、無表情でこちらを見つめていたのである。

「なるほど、それは怖いなあ……」

「マジでトラウマですよ。あそこにはもう絶対行かない」

「でもそのホテルの火事ってたしか……」

「はい？」

「カップルの、男性のほうなんですよ。亡くなったの……」

「……えッ？」

妄想の友達

川崎さん宅の右隣は長く空き室のままであったが、いつの間にか入居者が決まっていた。ポストには遠山佐恵子、香美と二人分が記載されている。母娘二人暮らしのようだ。母親の佐恵子は、おとなしそうな女性だ。四十そこそこに見える。香美はまだ五歳とのことである。

本来なら保育園に預けるべきなのだが、条件に合う施設が見つからず、ずっと一人で留守番をしている。

時折、開け放した窓から歌声が聞こえてきた。五歳児らしい幼い歌声だ。家事をしながら、その歌声を聞いているうち、川崎さんは妙なことに気づいた。

誰かが声を合わせ、一緒に歌っている。声質から察するに、大人の男性だが一度も見たことがない。

ある朝のこと。佐恵子が泣きそうな顔でやってきた。今から仕事だが、香美ちゃんが風邪気味らしい。半日で帰ってくるから、それまで様子を見てくれないかという。

川崎さんは二つ返事で引き受けた。

香美ちゃんは居間で配信サイトのアニメを見せておく。その間、川崎さんは台所で手作りのおやつを作り始めた。

居間から香美ちゃんの歌声が聞こえてくる。アニメに合わせているようだ。その歌声に突然、男の声が混ざった。

わけが分からないまま、そっと居間を覗いてみた。テレビの前に香美ちゃんがいる。その横に、薄く透けている全裸の男が座っていた。

川崎さんは思わず仰け反った。その音に気づいた香美ちゃんと男が振り向く。香美ちゃんも男も、にんまりと微笑んでいる。

その後も男は川崎さんを全く無視し、香美ちゃんの側に居続けた。川崎さんはどうしていいか分からず、ひたすら震えていたという。

昼過ぎに戻ってきた佐恵子に香美ちゃんを引き渡す。すぐ側に全裸の男がいるのに、佐恵子には見えていないようだ。

寂しくなかったかと訊く佐恵子に、香美ちゃんは笑顔で答えた。

「ケンちゃんがいてくれたからだいじょうぶ」

等価交換

花見の帰り道、酔いにまかせて小ぶりの枝を手折り、ポケットに入れて失敬した。

アパートへ帰宅すると、窓辺に置いたガーベラの茎がすべて折れている。

コップに浸けた桜の枝は半月ほど花を咲かせていたが、そのあいだに部屋の植物も熱帯魚もなぜか全滅してしまったという。

水よりも濃い

出張でビジネスホテルに泊まり、コーヒーを飲むため備え付けのケトルでお湯を沸かそうとした。

水を注いで電源を入れ、しばらくすると胸がむかつくような生臭さが鼻をついた。むせ返るほどの、血のにおいだった。

慌ててケトルの電源を切り、恐る恐るフタを開けて中を覗いたが、どろりとした血が凝固しているかと思うと、ただのお湯だった。

気味が悪いので、コーヒーを諦めてミネラルウォーターを飲み、その夜は早く眠った。

深夜に電話が鳴って起こされた。

妊娠初期だった妻が流産し、大量出血で病院へ運ばれたという知らせだった。

飛んでいたもの

T君の住む町に大きな橋が架かったのは今から数年前のこと。

彼の自宅からその橋までは数キロの距離があるが、家が高台に建っていることもあって、二階の窓からは橋の全景が見渡せるそうだ。

ある日、その二階の窓から町を眺めていたところ、橋の付近を妙な黒い球が行ったり来たりしながら飛んでいるのに気付いた。

なんだろうかと目を凝らすも、なんなのか見当もつかない。

距離のことを考えれば実物は数メートルもあるはずで、そんな得体の知れないものが不規則に飛行しているのであれば大騒動になりそうなもの。

「だから俺の目がおかしいのかなと思ったんだ、飛蚊症とか、そういう症状がでるらしいってのは知ってたから。でも、そっから何日かして、地元の新聞に妙な写真が載ってね」

あの日、あの時間、T君よりも橋に近い位置でたまたま写真を撮っていた人物がいたらしい。彼は新しい橋を背景に風景を撮影しようと知らずにシャッターを切った結果、偶然にもソレが写り込んでいたとのことだった。

「俺が見てたのとはちょっと形が違うんだけど、黒い球のようではあってね。あんなもの毎日ビュンビュン飛んでるわけないし、新聞に載ってた日時と俺が町を眺めてたタイミングが殆ど同じだったから、多分そうなんだと思うんだ。偶然が過ぎるだろって俺も思うけど、それ言うなら俺が窓から呑気に橋を眺めるなんてことも殆どないし、こういう時ってそういうもんなのかもな」

撮影者は直接目視していないようなので、よほど速く動いていたか、あるいはやはり常識的なモノではないのだろう。

記事によれば「地元の専門科に問い合わせたところ、鳥やドローンとは考えられず、正体は不明」とのことだった。

「一応眼科にも行ったよ、飛蚊症ではなかったから、やっぱ俺は俺で何か見てはいたんだと思う。特に騒ぎになるようなこともなかったし、世間的にはふわっと処理されたんだろう。まぁ毎日暮らしていかなきゃなんないし、よくわからんモノのこと考えてる余裕ないよ。俺も今は殆ど気にしてないもん」

知らない女

伴恵さんの兄が若い頃、出張で大阪へ向かう新幹線の車内で知らない女に話しかけられた。以前会ったことがあるというのだが兄には心当たりがない。

「あんなに楽しい夜を過ごしたのに、忘れてしまったんですか」

根元の黒くなりかけた金髪のひどく痩せた女は、真っ赤な唇で意味ありげに言う。兄は同行している後輩の手前、気まずいのもあって慇懃《いんぎん》に冷たく対応したけれど、女はなかなか立ち去ろうとしなかった。

そのとき列車がトンネルに入り、窓が車内の様子を映し出す。それを見て兄はぎょっとした。通路から彼らの座席に身を乗り出している女が後輩の口に指を入れ、小刻みに動かしているのだ。

ふりかえると女は消えていて、焦点の合わない目で兄を見た後輩がよだれを垂らしながら「今ここに誰かいませんでしたかあ?」と気の抜けた声で言った。

後輩は降りた駅のホームで嘔吐した。吐瀉物には食べた覚えのない鶏の足らしきものがいくつも混じっていたそうだ。

予防策

　半年の長期出張が終わり、ようやく彼氏が帰ってきた。

　京子の部屋でお祝いしているうち、自然と二人でベッドになだれこんでいったのだが。

「ちょちょちょっと！　どうしたの、その顔！」

　口づけ一歩手前のところで、京子は悲鳴をあげた。いつのまにか彼氏の顔が真っ赤に腫れあがり、破裂寸前の風船のようになっていたからだ。

「なによ？」と頬をさすったところで彼の目つきが豹変する。

「やっべ忘れてた！　あの紙！　人のかたちの紙！　どこ！　どこにある⁉」

「え？　ああ、あれなら財布に……」

　言い終わらないうち、彼氏は京子のバッグ目指してすっ飛んでいった。そして乱暴に取り出した財布の札入れから、人のかたちの赤い紙を抜いてきたかと思うと。

　そのヒトガタを、ビリビリに引き裂いた。

　それは出張前、彼氏が「俺だと思ってずっと大切にしてね」と渡してきたものだった。

「もう京子〜。俺が帰ったら必要ないから破り捨ててね……って最初に言ったじゃ〜ん」

　いつもと変わらぬ爽やかな笑顔が、そこにあった。

電車

酔って電車に乗った。たまたま空いた席に座ることができ、うたた寝をしてしまった。
目を覚ますと車内は相変わらず混んでいる。
電車は既に最寄り駅に近い、普段ならもうまばらなはずなのにと顔を上げる。
向かいの窓には、ぼうっーとした顔の自分だけが映っている。

きづかい

S君は昨年、独り暮らしの部屋で見知らぬ女を目撃している。

女は畳から三十センチの位置に浮かんでおり、きっちりとマスクを装着していた。

あ、そのへんは死んでも気にするんだ——感心しているあいだに、女はぱたぱたと身を折り畳むように小さくなって、消えた。それきりである。

モモちゃん

「あんたの部屋からこんなの出てきたんだけど」
母からのメッセージ。
添付された写真を見た途端、スマホを取り落としそうになった。
場所は見覚えのない山中。被写体はおそらく小学生の頃の自分。
とろけたような顔で、古びた墓石にもたれかかり、ピースサインを作っている。
棹石《さおいし》には、赤いペンキでこう書かれていた。

《モモちゃん》

昔、好きだった子の名前だ。
だったように思う。

ほんとにそうか？

なにも思い出せない。

本当の死

現在は社会人の酒匂さんが、大学生だったころの話。

大学の同級生Aが、夏休み中に実家で亡くなった。

「今風に言うと、Aは陰キャとかチー牛とか呼ばれるような、根暗な男でした」

噂では、どうも自ら命を絶ったらしいが、真相は誰も知らなかった。生前のAには友人が全くと言っていいほどいなかったからである。

Aは酒匂さんらにとって、顔見知りではあるが、いてもいなくてもかまわない、どうでもいい存在だった。

「Aが死んで、誰も奴と親しくはなかったので、葬式に参列もしてないし、墓参りとかもしなかったです」

その後、いつからか大学のサークル活動で写真を撮ると、Aが写りこむと話題になった。

「サークルの集まりなんかで皆で写真撮ると、そこにいないはずのAが写ってるんです。霊のくせにやけにくっきりと」

もう死んでいるのに、写真の中のAは実に楽しそうな笑顔であった。

「生前には見たことなかったような、満面の笑みで写真の中にいるんですよ。お前、生きてる時はうちのサークルに入ってなかったのに、何でいるんだよって」

飲み会にもハイキングにも、河原でのバーベキューでも、皆で撮った写真にAがいた。生前と同じチェックのシャツとジーパンに長髪の眼鏡姿で、酒匂さんらを指さして大笑いしたり、生前は口をきいたこともなかった女子学生にもたれかかったりしている。

「サークルメンバーのBが、そういうのがちょっとわかる奴でして」

Bによれば「写真に写りこんで騒がれるのをAは楽しんでる。だから、今後は写っていても一切気づいてない振りをしよう」ということで、酒匂さんらは写真上のAを徹底無視した。

全員で無視を決めこんでからというもの、写真上のAからは笑顔が消えた。

次に写ったときには、Aは目を閉じてデスマスクのように無表情になっていた。

そのまた次に見たAは、顔の肉がだるだると重力に従って垂れ下がっていた。

写真の中のAはだんだん腐ってついには骨になり、写真に姿を現さなくなった。

「骸骨から地面に落ちたバラバラの骨になって、それからAは写らなくなりました」

それまでに写りこんでいた写真からも、Aの姿は全て消えていた。

そのとき、酒匂さんは「今、Aは本当に死んだんだな」と思ったという。

老人会

富田さんは一時期、工場の守衛として働いていた。

巡回と受付が主な業務だ。受付といっても、来客よりは搬出入の手続きが殆《たくさん》どである。忙しいのは午前と午後の一時だけだ。

基本的に暇な職場だが、工場が休みの土日祝日は更に暇になる。とは言え、テレビを見たり、ゲームに興じたりはできない。

防犯カメラが受付全体を映しているからだ。しかも、工場の人事担当者が不定期に録画をチェックしている。

こうなると、辺りの景色を眺めるしかない。何度目かの当務の時、富田さんは妙なことに気づいた。

百メートルほど先にある山の中腹に、沢山《たくさん》の人がいる。

全員が同じ服を着ているようだ。

遠すぎてそのぐらいしか分からない。夕方近く、肉眼では見えなくなる寸前まで、その人達はいた。

いつ見ても同じ場所にいる。一旦、気づいたらやたらと目に入ってくるようになった。

それとなく先輩社員に訊いたが、怪訝な顔をされただけだった。

そんなある日、富田さんは高性能の双眼鏡を持ち込んだ。

これならもっと細かい所まで観察できるはずだ。そう信じて焦点を合わせる。

正解だった。一人ひとりの表情が分かる。二十人以上いる。全員が老人だ。

その全員が富田さんを睨みつけていた。

慌てて双眼鏡を外し、富田さんはその日の午後を俯《うつむ》いたまま過ごした。

二日後、富田さんは人事担当者に呼び出され、こんなことを訊かれた。

「富田さん、一昨日の日曜日なんですけどね。受付の前に沢山のお年寄りがいたのは何だったんですか」

カミクイザル

かつて智さんが勤めていた美容室は、雑居ビルの一階にあった。

「その店には半地下の小部屋があって、ヘアカットで出た髪の毛は全部そこへモップで掃き入れて、溜まったらまとめて産業廃棄物として捨てる決まりでした」

その日、営業時間終了後に店長から「そろそろまとめておいて」と言われ、智さんは小部屋に溜まった髪の毛をゴミ袋に移す作業をした。

半地下の小部屋へ通じるドアを開けると、ショリショリと異音が聞こえてくる。

小部屋の床いっぱいの色合いも長短も様々な髪の毛に埋もれて、灰色の短毛に覆われた小動物がいた。その生き物は猿に似ており、小さな両手に髪の毛を鷲掴《わしづか》みにしては盛んに口に運んでいる。

「ひぃうっ！」智さんが息を呑んだ途端、それは髪の毛の山に潜りこんだ。

その後、仕事だからとおそるおそる髪の毛をゴミ袋にまとめていった智さんだったが、最後の髪の毛ゴミを片付けても、その生き物は出てこなかった。

それから智さんは別の店に移った。現在勤務している美容室には小部屋がなく、ヘアカットの都度燃えるゴミとして髪の毛を捨てるので、働いていて落ち着くのだという。

皮膚

昔麻里子さんが行きつけにしていた美容院は、店のすぐ隣が墓地だった。だから髪を切ってもらう席によっては鏡に墓石が映り込むこともある。

麻里子さんはとくに気にしていなかったそうだが、ある日、鏡の中の墓地に煤《すす》けたような顔の人が立ってじっとこちらを見ているのに気づいた。さすがに気になったので、鋏《はさみ》の音がとぎれた隙にうしろを振り返ろうとしたところ、

「ごめんなさいごめんなさいごめんなさい！」

美容師が突然そう叫んだので店内は騒然となった。

どうやら彼女は誤って麻里子さんの首筋を切ってしまったと言っているらしい。

取り乱している彼女の手もとを見ると、赤くべったりと汚れた鋏と、その刃に湯葉のように垂れさがった何かが目に入る。

ぞっとして麻里子さんは自分の首や耳を手で探ったが、どこも痛くないし血も出ていない。美容師自身もべつに怪我などしていないようで、結局その皮膚と血のようなものの出所は誰にもわからずじまいだった。

墓地の人影はいつのまにか消えていたという。

とまって〜

数年前の夏、布田さんは彼女のSさんと友人カップルの四人で旅行へ行った。

布田さんとSさんが交代で運転し、島根から鳥取へ車で移動中、助手席に座っていたSさんが「とまって〜」とふざけた口調で停車を求めた。

トイレかと訊くと、「とまって〜、とまって〜」と今度は歌うように言いながら体を前後に大きく揺らすので、「なにそれ」と布田さんも友人カップルも笑う。

するとSさんは激しく前後に揺れ、トマトみたいに真っ赤になった顔と充血した目を布田さんに向け、「とまって〜」と訴えてくる。

首でも絞められているような凄まじい形相に、これはただ事ではないと察し、慌てて車を止めた。

布田さんがシートベルトをはずしてあげると、Sさんは、すわぁっと息を吸い込み、両手で顔を覆って号泣した。

シートベルトに体を締め付けられ、息ができなくなった、そう訴えるSさんの顔色は鬱血したように赤紫色になっている。

必死に助けを求めたつもりなのだが、どういうわけか、口から出てくる言葉が先のようなふざけた口調になってしまい、自分でシートベルトを外すこともできず、どうにもできなかった。このままでは死ぬと怖くなり、全力で体を前後に動かして緊急事態であることを訴えていたのだそうだ。

ブラウスのボタンをはずして見せられたSさんの胸元には、シートベルトの食い込んだ跡が赤黒く襷掛《たすきが》けされていた。

石見銀山の前を通った時のことだという。

徘徊

女子高生だった美穂さんが、彼氏の実家にお泊まりしていると。

ズシャン……ズシャン……ズシャン……

夜中、川の方から家に向かって、鈴の音らしき金属音が近づいてきた。それもチリンチリン鳴る小鈴ではなく、ずいぶん重い大鈴のようだ。

音は家のすぐそばでピタリと止んだ。かと思えばまた鳴りはじめ、建物の周りをぐるりと巡っていく。狭い平屋なので、その動きが手に取るように伝わってくる。美穂さんと彼氏は押し入れを改造した二段ベッドに寝転んでおり、下段では彼氏の姉も目覚めている。

「やだなにこれ」「怖い」「どうしよう」三人でひそひそ囁《ささや》きあっていると、彼氏の父親が外に出ていく気配がした。するとそれから少し経って、鈴の音も止んだ。

朝になって外を確認したところ、家の外周を囲んで、塩がどっさり撒かれていた。父親の仕業らしい。ただしいくら説明を求めても、父親は次の一言しか告げてくれなかった。

「首切り馬だったたな」

一九九一年の夏、徳島県美馬《みま》市脇町大字猪尻《わきまちおおあざいのしり》での体験談である。同地では「首切れ馬」伝承が有名だが、父親は確かに首切「り」馬と発音していたそうだ。

未練のサボテン

そうですね、行き違いというか、どうしようもなくすれ違ってしまって。関係を続けることが難しくなったので彼女とは別れたんです。僕、そういうの引きずっちゃうタイプなので、別れた後は彼女との思い出の品とか早めに処分して気持ちを切り替えなくちゃと思ったんですが、最初のデートの時に買った小さな鉢植えのサボテンだけはどうしても捨てられなくて、部屋に残してたんですね。でも、見れば彼女を思い出しちゃうから、部屋に置いてはいるんですけど意識して目を反らすみたいなことやってるうちに、サボテンが弱っちゃって、気付いた時には手遅れでした、腐っちゃったみたいで。それで、サボテンには気の毒でしたけど、僕にとっては良い区切りかもしれないしと思って、袋に入れて捨てました。

それからですね、サボテンが置いてあった窓辺の辺りに何かのはずみで手をやると、時々チクっと刺さる感じがするんです。いえ、毎回ではないです、本当に不意に、思いがけずそういう風になるっていう。おかしいですよね、もうサボテンはないのに、それに触れることがあるんですから。うん、単に僕が吹っ切れてないからなのかな、変な話、最近はわざと窓辺で手を泳がせたりしてますしね。

謝罪

四十代の独身男性、M氏の体験。

ある夏のこと、風のある涼しい夜、せっかくだからと網戸にしたまま床に就いた。

そのまま眠りに落ち、夜更け、チリンチリンという音に気付く。いくらか風が強くなってきているようだ、隣家の風鈴が煽《あお》られて鳴っているらしい。しかしどうも気に障《さわ》る、風の具合なのかなんなのか、四方八方からチリンチリンチリンチリンチリン聞こえてくる。

思わず「うるせえ」と口に出した彼の耳元で「ごめんなさい」と誰かが呟いた。

音はその後も続いたが、謝罪があったので我慢したという。

コテツ

のぶさんは子供の頃、ずっと胃腸にポリープのできる難病を患っていた。

ある日も腹痛がひどくて学校には行けなかった。もうすぐお泊まり遠足なのに、この様子だと参加することもできそうにない。そのことが凄く悔しかった。

その夜、また哀しくなってしくしく泣きながら寝た。

深夜、お腹の辺りが重く、目を覚ますと老描のコテツが布団の上で両脚を踏ん張り、何かをワシワシ食べている。以前も彼女のお腹の上に乗っていたので叱ろうとすると、コテツの口元で動くものに目が行った。

――小さな黒い影のようなものだった。それが逃げ惑い、コテツの鼻面に飛びついたりして食べられ、千切られていた。

それから暫くしてのぶさんのポリープは激減し、ほどなく完治した。

代わりにコテツは腹の中に癌が見つかり、亡くなった。

うみなり

若いころ、叔父の手伝いでイカ釣り船に乗っていた時期がありましてね。イカは光に近づくので、真夜中に漁火《いさりび》を焚いて獲るんですよ。だから午後に漁港を出て沖に着いたあとは、暗くなるまで待たなくちゃいけないんです。で、その日もいつもどおり夕飯を食べ、漁にそなえて仮眠を取っていたんですが、電話で目が覚めまして。じりり、じりりり、と古い電話機のベルが鳴っているんです。

そりゃ「変だな」と思いましたよ。船の通信は無線を使うし、当時の携帯は沖まで電波が届かないんです。そこで、音をたよりに船底にある休憩室から階段をあがって甲板《かんぱん》に出ると——電話が浮かんでいました。

ええ、家の廊下にあるような、昭和然とした黒い電話機です。そいつが波のなかにぷかぷか浮いたまま、けたたましく鳴り続けているんですよ。

呆然とするうちに、電話機は夕暮れの青黒い水底へ沈んでいきました。じりりりん、じりりりりん、と鳴りながら。ゆっくり、ゆっくりと。

それきり、それだけの出来事なのに、なんだか忘れられなくてね。

いまも、ふと「あの電話、今夜も鳴っているかな」なんて考えることがあります。

間違え

うん、そう、二股かけてたの、うん、直前まで悩んでね、こっちだって女と結婚したんだけどさ、一緒になってから後悔。うん。選ぶ方間違えたなと思って、なぁ、ほんと我ながら人でなしだと思うよ、うん。でもその頃には娘が腹の中にいたからさ、そう、もう仕方ねえよなって、思ってさ。まぁ結局別れたわけだけど、うん。いや違うよ、直接の原因は俺じゃない、娘、娘。そう、二歳の時にさ、自分の母親に向かって真顔で「生まれてくる腹間違えた」って言ったの。ほんとほんと、しかも三回続けてだよ？　俺も目の前でみたもん、そう。二歳児のセリフじゃないでしょ、気持ち悪かったよ、突然のことだったし、面食らって固まっちゃったもん俺。それから間もなくしてノイローゼみたいになって「この娘育てる自信ない」って言われてさ、それで離婚、そう。そりゃ引き止められないよ、横に居たんだから俺、娘がそう言った時にさ。俺ですらショックで固まったのに、そりゃそうだよなって。うん、再婚とかは考えなかったな、そっからは男手一つで、まぁ良い方なんじゃない？　あれ以来妙なことも言わなかったしな。ん？　式は来週、やっと肩の荷が下りるよ。うん、だから言ってやりたいよね「ガキに腹間違われんなよ」って、うん、言わないけどね。

ジュジュ

誠さんの恋人の杏さんは雌《めす》のトイプードルを飼っている。名前はジュジュ。杏さんはジュジュを溺愛している。スマホのロック画面やSNSのアイコンはもちろんジュジュだし、ジュジュといる時間を大切にしたいとの理由で転職までした。生活が完全にジュジュを中心にまわっているのだ。

誠さんも本来は犬好きだが、どういうわけかジュジュのことは気に入らない。杏さんがじぶんより犬を大事にしているから、といった気持ちわるい理由では断じてなく、はじめて写真を見た時から「いけ好かないな」と感じていたらしい。

ある日、誠さんが杏さんの部屋に遊びに行った際、調味料かなにかを切らした彼女が買い物に出掛けた。誠さんはジュジュと留守番をすることになったのである。

ジュジュは定位置であるソファーの上でうつ伏せになっている。誠さんのほうも同じ部屋のラグに寝そべって、文庫本を読んでいた。

《アーア》

どこからか不意に欠伸《あくび》かため息のような音がした。
ソファーの上を見やる。
さっきまで寝ていたはずのジュジュが、誠さんをじっと見つめている。
こいつ笑っていやがる。
なぜかそう思ったその時、ジュジュの口が開いた。

《オマエウラギラレテイル》

ジュジュはそれだけ言って「クスン」と鼻を鳴らし、目を閉じた。
ボイスチェンジャーにかけたような、機械的な声だったという。

「それ以来、あの犬のことは余計嫌いになりました。ただ問題は犬が喋ったことよりも、その内容なんです。『裏切られている』ってどういう意味なんでしょう？　つまり彼女が僕を……とかそういうことなんでしょうか？　それともあれですか？　犬の言葉を真に受けて、こんなふうに混乱している僕の頭がおかしいだけなんですかね？」
二人の仲は「ギリギリまだ続いている」そうだ。

見たくなかったのに

カズヒコさんはその日、うっかりスマホの充電を忘れてしまい、仕事を終えて帰宅するころにはバッテリーが切れていた。

会社から駅まで歩いていると、古いビルの近くに人だかりができていた。八階ほどあるそのビルの屋上を見ると、若い女が手すりを乗り越えて、今にも飛び下りそうな雰囲気だ。何かしゃべっているようだが、野次馬がざわざわと騒いでいて聞き取れない。

間もなく、女は「イィー」と聞こえる金切り声をあげて、ビルから飛び下りた。野次馬がいっせいに悲鳴をあげる。女の身体は、足を下にして落ちていったように見えたが、地面に衝突するところは、人だかりにはばまれて見えなかった。固いものがぶつかる「ゴッン」という音と、水風船を地面に叩きつけたような「ビシャン」という音が混ざって聞こえたような気がした。

救急車とパトカーのサイレンを背に、カズヒコさんは現場から足早に去った。顔から血の気が引いていき、足が震えて力が抜けるのを感じたが、とにかくこの場から遠ざかりたかった。見なかったことにしよう、と思った。

電車を二本乗り継いで帰宅すると、奥さんがカズヒコさんをいきなり怒鳴りつけてきた。

「こんな動画を送ってくるなんて、どういうつもりなの？　気持ち悪い……」

何のことかわからないでいるカズヒコさんに、奥さんがスマホの画面を見せてきた。

ＬＩＮＥのトーク画面を見ると、一〇分ほど前にカズヒコさんから動画が送信されてきている。

先ほどの、ビルから女が飛び下りるところが撮影された、五秒ほどの動画だった。

女のあげた金切り声も、「ゴツン」と「ビシャン」が混ざったような音も、クリアに入っていた。

カズヒコさんのスマホは、まだバッテリーが切れたままだった。

かいだんかいだん

その神社には境内へと続く長い石段があって、きちんと参拝すればなにごともなく戻れるが、拝殿に手をあわせず帰ろうとした者は、行きと帰りで石段の数が違う——。

そんな噂を聞きつけた友人が「実験してみる」と、夜中に神社へ出かけていった。翌朝、帰ってこない彼を案じ仲間数名で訪ねると、友人は最上段からふたつめの石にうずくまり「終わらない、どれだけ下っても終わらない」と泣いていた。

S県の、蛇で有名なお社での話。

不成立

里緒菜さんは自分には恐怖心が欠落しているようだと言う。

とくに怪談とか幽霊のたぐいはまったく怖いと感じたことがない。じつは幽霊はしょっちゅう見ているし、夜中にふと目を覚ますとまるで事故現場のようにベッドにちぎれた手首や目玉が転がっていたこともあった。そんな気味の悪いものを見ても「ふーん」と思っただけですぐに二度寝してしまったそうだ。

だから彼女から聞く話はどれもまったく怪談として成立しない。

なんとなく「ノリ」で幽霊を抱きしめてみたこともあるらしい。

幽霊は自分より若い女の子だった。もちろん何の感触もなかったが、それ以来なぜか彼女が幽霊を見る頻度は極端に減ったようだという話である。

罠

今年の春休み、芽衣さんは友人ら四人と栃木県にある廃病院へ行った。心霊スポットとして知られている場所で、元は白かった外壁は炙ったような色になり、入り口は植物に侵食され、期待していた以上に迫力のある廃墟だった。

廃墟内の一階を探索中、先頭を歩いていた男子が「あれ？」とポケットをまさぐりながら焦りだす。

「オレ、スマホ落としたかも」

一旦、廃墟探索を中止し、来た道を戻りながら落ちていないかと探すが、見つからない。病室には入っていないので他に落とすような場所もなく、車に忘れたんだろうと廃墟探索を続けることにする。

一階はひと通り巡ったので二階に上がろうとするが、女の子の一人が急に怯えだし、「二階はやめておいた方がいい」と言いだす。彼女は霊感があるとのことだが、男子たちはまるで信じていないか、完全に霊をナメていて、それならむしろ、二階に行こうじゃないかとなった。

ところが上がってみると二階は床の所々に穴があき、崩れている箇所も複数あって、とても歩けるような状態ではない。諦めて戻ると、一階がやけに暑くなっている。予報では気温はそこまで上がらず、さっきまで廃墟内はヒンヤリとしていた。それがまるで暖房をつけているみたいに熱気でムッとしていた。

みんな胸騒ぎを感じたのだろう。今すぐここから出ようという意見が一致する。念のため、スマホが落ちていないかを気にしながら入口まで戻っていると、「落ちてたら、鳴らせばわかるんじゃない？」と誰かが気付く。どうしてそんなことに気づかなかったんだろうとさっそく鳴らしてみると、どこからか、かすかにバイブ音が聞こえる。廃墟の中にはあるようだ。だが、妙だった。

「ねぇ、二階から聞こえない？」

バイブ音は確かに二階から聞こえるが、そんなはずはない。二階へは危険だから行かなかったし、行こうと向かう前からスマホは紛失していた。だから、音が上から聞こえるはずがないのだ。

スマホを失くした本人は今にも二階に向かいそうだったが、それをみんなで引きとめ、一旦、車に戻ることにした。

彼のスマホは、車にあった。

洗濯機

琴音さんの隣室に夫婦者が越してきた。形だけの挨拶をしに来たのだが、夫は琴音さんをじろじろと無遠慮に見つめ、妻はといえば無言で棒杭《ぼうくい》のように突っ立っている。

と、あるタイミングで、隣室から子供の声がした。

「おかあさーん」

その瞬間、夫は顔を歪め、妻はそわそわと落ち着かない様子になった。

「お子さんがいらっしゃるんですね」

「いません、子供なんて」

言い捨てて、二人は部屋に戻っていった。たしかに男の子の声だった。

夫婦はどちらも終日、部屋にいるようだった。それは別にいいのだけれど、昼夜の別なく大声で喧嘩をするのには参ってしまった。

在宅ワーク中心の琴音さんにとって、この生活の変化はあまりにストレスだった。

次に騒いだら管理会社に電話するか、いっそのこと、警察呼んじゃおうか。

「あああああ！　また入ってるじゃないのおおおおお！」

ハッとして時計を見た。午前一時をまわっている。

「ねえ洗濯機！　洗濯機のなかああああ！」

「うるっせえなあ！　そんなガキのこと、おれは知らねえんだよ！」

えっ、ガキ？　琴音さんの心臓が大きく鼓動を打った。

やっぱりお隣、子供がいるの？　まさか虐待？　琴音さんがスマホを握りしめた時。

「おとうさーん」

かすかな子供の声に続き、ドゴン！　となにかを殴るか蹴るかした音。

水を打ったように静かになった。


夫婦はそれから一《ひと》月もせずに引っ越していった。ごみ置き場には彼らのものとおぼしきドラム式洗濯機がしばらく放置されていたそうだ。

「おかあさーん」

「おとうさーん」

ごみ置き場の前で、何度かあの声を聞いた。

洗濯機の中から、子供の声がするはずない。

撤去されるまで、琴音さんは心を無にしていたという。

夫

深夜、布団を回るキィキィという音で目が覚める。

隣で寝る夫がまた〈おい……おい〉と囁《ささや》きながら肘《ひじ》でわたしを小突く。

どうやって、あんなにひしゃげた車輪が動くのか毎回、不思議。

見ると頭がクラゲのように潰れた子供が、トラックに轢《ひ》かれた時と同じ三輪車に乗って笑っている。

〈おい……おい……〉夫の声が震えている。

我が子が帰ってくるのが、嫌だなんて変な男だ。

予兆

　とある会合で十数年ぶりに再会した知人の顔が自分とそっくりになっていたので秋雄さんはひどく困惑した。

　相手も目を丸くして、しばし固まるほど驚いていた。かつて飲み仲間としてつるんでいた頃は互いに似ていると思ったこともないし、他人からそう指摘されたこともなかった。それが今では双子だと言われたら十人が十人とも信じるような瓜二つの外見になっている。あまりに気味が悪く、せっかくの再会なのにろくに近況も話さないまま別れてきてしまった。

　数日後、共通の友人から連絡があってその知人が脳梗塞で急逝したことを知らされる。

「ドッペルゲンガーに会ったら死ぬっていう言い伝えを信じるなら、死んだあいつのほうが〈本人〉で、おれがあいつのドッペルゲンガーだったことになりませんかね?」

　秋雄さんはそう複雑な表情で語っていた。

四十で

都内の小さな法律事務所に、ある依頼が持ち込まれた。

依頼者は三十代の男性Aと二十代の女性B。

目下、二人は不倫関係にあるのだが、いずれは籍を入れたい。そのためには無論、既婚者であるAとその妻Cの婚姻を解消する必要がある。けれどCは頑として離婚届に判を押さないのだという。どうにかならないものだろうか。

弁護士は彼らに「夫婦関係の破綻」を離婚事由とするのはどうかと提案した。

AとCの間にはもう何年も性的な営みがもたれておらず、裁判になった場合でも、それが法的離婚事由として認められると判断したのだ。

けれどそれには、現在、AとBが男女の関係にあることは秘匿しておかねばならない。

それがバレてはすべてが水の泡だ。

そのように忠告したにもかかわらず、二人は人目を避けて逢瀬を続けていたらしい。

結局、なんとか離婚は成立したのだが、その頃にはBはAの子を宿していた。

Aの待婚期間中、憔悴した様子の二人が事務所を訪れた。

「前妻から、こんな手紙が届くんです。それも毎日」

金釘流《かなくぎ》のペン字で、手紙一面にびっしりとこう書かれていた。

「四十で死ね四十で死ね四十で死ね四十で死ね四十で死ね四十で死ね四十で……」

Aは来月、四十歳の誕生日を迎えるのである。

「明らかにいやがらせですね。弁護士名義で、警告文を出しますか?」

お願いします、と力なく頷《うなず》いたAはしかし四十歳になったその日のうちに脇見運転の車にはねられた。即死だった。

その車の助手席に女が座っていたとの目撃情報は、見間違いとして処理された。

現在、Bはひとり、Aとの子供を出産する準備をしている。

Cの行方は、杳《よう》として知れない。

目盛り

ヒロトさんは中学時代の卒業アルバムを誰にも見せたことがない。友だちや妻から見せてといわれても、引っ越しの時に処分したとか、親が間違って棄てたとか適当な理由をつけて誤魔化している。そしてそのたびに十数年前の自分の愚かな行動を悔やむのだそうだ。

それは中学の卒業式の日。帰宅したヒロトさんがまずやったことは、卒業アルバムを開いてFという男子生徒の顔を探すことだった。Fとは小学生の頃はたまに遊んでいたが、中学に入ってから急にヒロトさんへの態度が悪くなって、ふざけて蹴ってきたり、馬鹿にしてきたり、何かとちょっかいをかけてくるようになった。中学二年の頃、母親を馬鹿にされたことから取っ組み合いの喧嘩となり、それから一度も口をきかぬまま卒業の日を迎えたが、Fへの嫌悪や憎しみが消えることはなく、彼の卒業写真にそれを刻むことにしたのだ。

部屋に貼ってあるポスターから画鋲《がびょう》を抜き、Fの写真の両目にブツブツと穴をあけ、彼の顔の上に油性マジックで「しね」の二文字を書いた。すっきりした。

この行為を後悔したのは、成人してからだった。アルバムを見せてくれと言われることが増えたからである。どんな理由や感情があったにせよ、人の写真にすべきことではなかった。こんなアルバムを見られれば、自分への印象が一気にネガティブなものになってしまうだろう。だからアルバムを人に見せられなくなってしまったのだ。

それでも自分にとっては懐かしい思い出。たまに押し入れから出し、こっそり開くこともあったが、それも今ではしなくなってしまった。段ボール箱の底に沈め、ほぼ封印に近い状態であるという。これにもわけがある。

数年前に見た時、「しね」と書いたはずの二文字が、どういうわけか完全に消えていた。代わりに画鋲であけたFの両目の穴が赤茶に変色し、数ミリ盛り上がっていた。刺した時に画鋲は錆びていなかったし、その時はきれいな穴だった。それから間もなくFが死んだという報せがあった。きっともう、「しね」という呪いの言葉も意味がなくなったので消えたのだろうと、ヒロトさんは解釈している。

ねじれ

ガンガン！

例のノックが鳴り響いた時、孝彦さんはもう既に玄関ドアへと体重をかけていた。

ここ一週間のあいだ、毎晩くりかえされる迷惑行為。

自宅マンションの玄関ドアを、なにものかが激しく叩いてくるという嫌がらせ。

ガンガンガンガン！

初日は飛び上がるほど驚いた。鉄扉が震えるほどの衝撃音は、明らかに自分への怒りや攻撃感情をにじませている。どうすべきか迷って立ちつくしているうち、ノックは止んだ。

おそるおそるドアスコープを覗き、次にドアを開けて廊下を見渡したが、誰の姿もない。

そして次の日も、その次の日も、けたたましいノックが深夜に轟いた。

三度目あたりから、孝彦さんもすぐに玄関へ駆けつけるようになった。しかし、まるでこちらが近づくのを察したかのように、一メートル手前あたりで音が止んでしまう。

そのまま扉を開けるのだが、やはり外には人の気配すらない。

オートロックの建物なので、おそらく犯人は同じマンション住人だろう。それも両隣のどちらか。それならとっさに部屋へ逃げ込むことができるから。

302号室側、明らかにサラリーマンではない風体の、挙動不審な中年男が怪しい。というか304号室側は、そもそも誰が住んでいるのかすらわからない。

ガンガンガンガン！

四度目あたりから、ノックされる時間がひどく正確なことに気がついた。もちろん深夜一時過ぎの時間帯であると察してはいたが、まさか分単位で同じ時刻だったとは。

午前一時十分から十一分のあいだ。必ずそのタイミングで、やつはやってくる。

ガンガンガンガンガンガン！

五度目のノックも、まさに予想どおりだった。

そして今日。孝彦さんは午前一時ちょうどに玄関前でスタンバイし、六度目の来訪を待ち受けた。施錠もチェーンも外し、ドアノブはあらかじめ左手で回転させておく。

ガンガンガッ
ノック音が聞こえると同時に、とっさに体重をかけて扉を開けた。外開きに生じた隙間から男の腕が見えた。右手でそれを思いきり掴んだ。

次の瞬間、気がついた。

自分の右手が掴んだのは、自分の左手首だということ。

そして自分自身がいつのまにか、玄関ドアの外側に立っていることを。

証し

芳賀さんは子供の頃、神様がいるかいないかを確かめたことがあった。

「近所の神社に行って、本堂に飾ってあった鏡を盗んで隣の公園に隠しちゃったんです。神様なら絶対に探し当てるだろうって」

明日、どうなっているかな？　とわくわくしながら帰宅すると母親がいない。

七時を回ってようやく帰った母は飼い猫の〈ひまり〉を抱いていた。

「夕方、妙な声で鳴くんで見たら目が開いてないのよ。それで何の病気だろうとお医者に連れて行ってた」と云う。

仔猫は〈赤い糸〉で二針ずつ、両瞼《まぶた》を縫われていたという。

芳賀さんはその足で鏡を戻しに飛び出した。

襖

小さな会社の社員旅行。

「ここは高校の修学旅行で泊まったんだ」

と社長。二十数年ぶりの思い出の旅館らしい。

「そういえば他のクラスの子が旅行中に倒れて救急車で運ばれたんだよな。そのまま入院して、たしか東京に帰れずにこの土地で亡くなってしまったんじゃないかな」

言い終わる前に押入れがガタッと鳴り、爪でひっかくような音が続く。社員たちは騒然とし、立ち上がった社長がおそるおそる襖《ふすま》を開けてみたが誰もいない。

気になった社長がのちに興信所まで使って調べてみると、修学旅行で倒れた子は無事退院してその後学校にもどっていたことがわかる。

だが社会に出てから引き籠りになり、約十年前に自宅押入れの中で自殺していた。

UB

　Iさんは夜帰宅してから風呂に入った。夏の盛りのことであり全身が汗でびっしょりだった。シャワーで済ますつもりだったが、翌日は休みだったのでバスタブに湯を張り、久しぶりにゆっくり入ろうと決めた。

　髪を洗い、躯も流して、気持ちよく風呂に入った。引っ越しの時、彼女は前に住んでいた部屋よりも大きめのユニットバスのあるこの部屋に決めた。シャワーだけの暮らしが味気なく感じていたのだ。

『少し贅沢だったけど、大きめの風呂にしてよかった』

　そう思った時、部屋の灯りが全て消えた。

　ブレーカーが落ちたのかと驚いた。

　カタリッ——風呂のドアがゆっくりと開きだした。暗闇の中でも何者かが四つん這いでいるのがわかった。

　声も出せず、目も動かせず硬直していると湯船の中で尻をやんわりと抓《つね》られた。

　翌日、引っ越しの届けを不動産屋にすると、電話越しに『まただよ』と事務所内にいる同僚に呆れた声でこぼす担当の声が聞こえた。

したにしたに

実家の母に安否確認の電話をしていると、いきなり妙な話をはじめた。

「そういえば今日、シロアリ駆除の業者さんが訪ねてきてね。〝いま、無料サービス期間で床下をチェックしております〟なんて言うもんだから、お願いしたのよ」

「ねえちょっと、それって詐欺まがいの高額商法じゃないの。お母さんみたいな独り暮らしの高齢者を狙うんだってニュースで見たよ」

「あら、そうなの。でもニコニコして愛想の良い人たちだったけど」

「そんなの詐欺師の常套手段でしょ。まさか……もう駆除費用を払っちゃったの？」

「それがねえ、業者さんってば縁の下に潜ってゴソゴソやってたんだけど、いきなり飛びだしてきたかと思ったら〝奥さん、悪いことは言わないから寺か神社でお祓《はら》いをしてもらいなさい〟って、そそくさと帰っちゃったの。あんた、今度帰省したときに床下をちょっと確認してくれない？」

嫌だ——とは言えず、いちおう了解して通話を終える。

生ぬるい風に振りかえると、さっき閉めたはずの襖がわずかに開いていた。

「早く来い」との合図か「来るな」という警告なのか、判断しかねている。

非常階段

理香さんが学生時代よく使った図書館の近くに灰色の殺風景な印象の雑居ビルがあり、その横を通ると非常階段に人影が立っていることがしばしばあった。

たぶん四階か五階くらいの高さで、いつも同じ位置にいるので煙草を吸いに出ている人かなと思ったが、ある日何の気なしに見上げるとその人と目が合ってしまった。四十代くらいの男性だ、と思ったとたん人影がふっと二階あたりに移動する。驚いて理香さんが固まっていると、今度は元いた階より上の階段に人影があらわれ、そこからじっとこちらを見つめてくる。

やばいやばい、見ちゃだめだとあわててビルの前を離れると、くーーーっという喉の奥から絞り出すようないやな音が聞こえてきたので、彼女はぞっとして早足になった。だが音はそのまま彼女についてくる。振り切ろうと駆け足になってもずっと耳元で聞こえ続けていた。

交差点の赤信号で足止めされたとき、理香さんはようやくそのいやな音が自分の口から漏れる声だと気づいたという。

◉著者紹介

我妻俊樹（あがつま・としき）

『実話怪談覚書 忌之刻』にて単著デビュー。著書に「実話怪談覚書」「奇々耳草紙」「忌印恐怖譚」各シリーズ。共著に「ＦＫＢ饗宴」「てのひら怪談」「ふたり怪談」「怪談五色」「怪談四十九夜」「瞬殺怪談」各シリーズ、『猫怪談』など。

蛙坂須美（あさか・すみ）

東京都墨田区生まれ。雑誌『代わりに読む人０ 創刊準備号』にエッセイ「後藤明生と幽霊――『雨月物語』『雨月物語紀行』を読む」を寄稿。ブログ「悲鳴窟」にて聞き集めた実話怪談を公開している。

小田イ輔（おだ・いすけ）

「実話コレクション」「怪談奇聞」各シリーズ、共著に「怪談四十九夜」「瞬殺怪談」各シリーズ、『奥羽怪談』『未成仏百物語』など。原作コミック『厭怪談 なにかがいる』（画・柏屋コッコ）もある。

黒木あるじ（くろき・あるじ）

怪談作家として精力的に活躍。「怪談実話」「無惨百物語」「黒木魔奇録」「怪談売買録」各シリーズほか。共著では「ＦＫＢ饗宴」「怪談五色」「ふたり怪談」「怪談四十九夜」「瞬殺怪談」各シリーズ、『奥羽怪談』『実録怪談　最恐事故物件』『未成仏百物語』など。『掃除屋　プロレス始末伝』『葬儀屋　プロレス刺客伝』など小説も手掛ける。

黒　史郎（くろ・しろう）

小説家として活動する傍ら、実話怪談も多く手掛ける。『黒異話』「実話蒐録集」「異界怪談」各シリーズ、『黒塗怪談　笑う裂傷女』『黒怪談傑作選　闇の舌』『ボギー　怪異考察士の憶測』ほか。共著に「ＦＫＢ饗宴」「怪談五色」「百物語」「怪談四十九夜」「瞬殺怪談」各シリーズ、『未成仏百物語』など。

神　薫（じん・かおる）

静岡県在住の現役の眼科医。『静岡怪談』『怪談女医　閉鎖病棟奇譚』で単著デビュー。『怨念怪談　葬難』『骸拾い』など。共著に「怪談四十九夜」「瞬殺怪談」各シリーズ、『現代怪談　地獄めぐり　業火』など。女医風呂　物書き女医の日常　https://ameblo.jp/joyblog/

つくね乱蔵（つくね・らんぞう）

『恐怖箱　厭怪』で単著デビュー。『実話怪談傑作選　厭ノ蔵』『恐怖箱　厭福』『恐怖箱　厭熟』『恐怖箱　厭還』など。共著に「怪談四十九夜」「瞬殺怪談」「怪談五色」「恐怖箱テーマアンソロジー」各シリーズなど。ホラーライトノベルの単著に『僕の手を借りたい。』ほか、黒川進吾の名でショートショートも発表、共著『ショートショートの宝箱』もある。

平山夢明（ひらやま・ゆめあき）

『「超」怖い話』「怖い話」「顳顬草紙」「鳥肌口碑」「瞬殺怪談」各シリーズ、狂気系では「東京伝説」シリーズ、監修に「ＦＫＢ饗宴」シリーズなど。ほか初期時代の『「超」怖い話』シリーズから平山執筆分をまとめた「平山夢明恐怖全集」や『怪談遺産』など。

吉田悠軌（よしだ・ゆうき）

『恐怖実話　怪の遺恨』『恐怖実話　怪の残滓』『恐怖実話　怪の残響』『恐怖実話　怪の残像』『恐怖実話　怪の手形』『恐怖実話　怪の足跡』『うわさの怪談』『日めくり怪談』『禁足地巡礼』「怖いうわさ　ぼくらの都市伝説」シリーズ、「オカルト探偵ヨシダの実話怪談」シリーズ、『現代怪談考』など。

鷲羽大介（わしゅう・だいすけ）

一七四センチ八九キロ。右投げ右打ち。「せんだい文学塾」代表。共著に「江戸怪談を読む」シリーズ『猫の怪』『皿屋敷　幽霊お菊と皿と井戸』、「奥羽怪談」「怪談四十九夜」シリーズなど。

瞬殺怪談 鬼幽

2022年8月5日　初版第1刷発行

著者……………………………… 平山夢明、黒木あるじ、黒　史郎、我妻俊樹、小田イ輔
神　薫、鷲羽大介、蛙坂須美、つくね乱蔵、吉田悠軌
デザイン・DTP ……………………………………… 荻窪裕司(design clopper)
企画・編集 ………………………………………………………… Studio DARA

発行人………………………………………………………………… 後藤明信
発行所……………………………………………………………… 株式会社 竹書房
〒102-0075　東京都千代田区三番町８－１　三番町東急ビル６F
email：info@takeshobo.co.jp
http：//www.takeshobo.co.jp
印刷所……………………………………………………… 中央精版印刷株式会社